제갈공명,
지혜의 리더십
Art of Leadership

도흥국 지음

GPT Content by Author Prompt

목차

여는 말
제갈공명과 리더십 공부
추천사

I. 천天

1. 리더의 자리는 무엇으로 이루어지나	28
2. 시스템을 움직이는 약속, 프로토콜	31
3. 권한과 책임	35
4. 리더에 대한 권한 위임	40
5. 기회, 그 세 가지 기틀	43
6. 이기고 지는 걸 미리 아는 방법	45
7. 티핑포인트	50
8. 시나리오 플래닝	55
9. 리더의 지혜	58
10. 진짜 고수는 '구라'가 없다	64
11. 사람을 함부로 업신여기면	72
12. 리더의 복심	76
13. 조직에서 어진 이를 헐뜯는 무리를 쫓아내라	79
14. 완장을 찬 깡패와 똥파리를 내쫓아라	84
15. 나를 따르라	88
16. 사사로운 악의 무리	95
17. 배신, 배반, 변절 그리고 적과 동침	98
18. 준비된 리더	101
19. 리더의 자리가 부르는 폐단	104

20. 리더가 경계해야 할 폐단	110
21. 절정의 용병술 vs. 가스라이팅	113
22. 리더십과 전우애	116
23. 제갈공명이 GPT로 부활한다면	122

II. 지地

24. 군사를 움직이는 법도 -1	128
25. 군사를 움직이는 법도 -2	132
26. 군사를 움직이는 법도 -3	136
27. 군사를 움직이는 법도 -4	139
28. 군사를 움직이는 법도 -5	142
29. 리더가 조직을 움직일 때	146
30. 트레이닝	149
31. 멈출 수 없는 Unstoppable 최강의 전투 민족	153
32. 리더가 모셔야 할 세 종류의 손님	158
33. 포스가 함께 하길	163
34. 조직을 해치는 좀벌레	166
35. 유리한 고지	169

목차

36. 지피지기		173
37. 적재적소		177
38. 지혜의 용병술		182
39. 능력자의 용병술		188
40. 흔한 용병술		190
41. 손쉬운 싸움/승리/전투란 무엇일까?		193
42. 스타트업^{PMF Product Market Fit}		198
43. MBTI 리더십		203
44. 핫바지를 벗은 힘숨찐		210
45. K-POP 칼군무와 당나라 군대		214
46. 조직을 망치는 리더		218
47. 팀의 사기를 높이는 리더십		221
48. 어벤저스, 어셈블^{Avengers, assemble}		224

III. 인사

49. 리더의 그릇	228
50. 리더의 뜻, 칼의 노래	233
51. 리더의 인간성 알아보기 -1	238
52. 리더의 인간성 알아보기 -2	243
53. 리더의 유형, 어진 장수	250
54. 의로운 리더를 사수하라	253

55. 품격 있는 리더: 예장의 격	256
56. 지혜로운 리더: 능력자, 슈퍼히어로	260
57. 믿을 수 있는 리더	265
58. 제너럴 매니저General Manager의 리더십	270
59. 스페셜 포스Special Force 리더: 기장	275
60. 맹장 밑에 약졸 없다	279
61. 최고의 리더십, 대장	282
62. 형세 판단의 알파고, 리더	285
63. 진퇴를 아는 고수, 리더	288
64. 누울 자리를 보고 발을 뻗으려면	291
65. 사람의 뜻을 모아 하늘의 때를 기다린다	294
66. 각자도생, 맨땅에 헤딩할 때	299
67. 리더가 하고자 원하는 것	304
68. 어깨에 힘을 빼라	308
69. 교만한 리더의 말로	313
70. 유능한 리더	317
71. 무능한 리더	321
72. 리더가 되려면	325

닫는 말
    리더십 출사표

Art of Leadership

여는 말

제갈공명과 리더십 공부

제갈공명(제갈량)의 병법서는 '장원' 또는 '심서心書'라 불리며
천부경과 짝을 이룬다는 음부경陰符經,
세상살이 처세술 소서素書와 함께
3대 비서秘書로 취급됐으며,
제왕학처럼 함부로 공부하지 못하게 했었고,
몰래 공부하다가 걸리면 쥐도 새도 모르게
죽임을 당하기도 했습니다.

(전쟁터에서 싸우다 죽는 것보다
후방 정치판에서 암살이 판쳤다는 ㅠ.ㅠ)

심서는 실제로 제갈량이 지었다, 아니다 등
위서僞書 논란까지 끊이지 않았는데요.
그런 논란은 학자들에게 맡겨두시고
우리는 읽어 보고 좋은 내용이면
공부하여 마음에 새길 뿐입니다.

올바른 장수의 도리와 병법, 전략에 관한 제갈공명의 심서心書는
오랜 세월 금서로 지정되었던 탓인지
주석이나 해설이 제대로 남아있거나 번역된 게 거의 없어서
저자의 주관적 해석으로 풀어봤습니다.

어려운 한문 표현은 되도록 생략하고
중요한 부분만 발췌해서
'현대의 리더십'에 맞게
변용해 보겠습니다.

과연 훌륭한 리더란 누구일까요?

제갈공명의 생각을 한번 들여다볼까요?

한문을 현대적으로 해석하고 비즈니스 현장감을
표현하다 보니 글이 다소 거칠고 투박합니다.
편안한 마음으로 읽어 주시길 바랍니다.

이제 시작합니다.

Art of Leadership

추천사

저자가 지닌 해박한 지식과 다양한 비즈니스 현장 경험이 제갈공명 병법 고전과 잘 어우러져서 현재 인공지능, ICT 첨단 기술, 스타트업 분야에서 리더로 재직하는 분이나 앞으로, 리더로 성장하고 싶은 여러분에게 리더십의 본질과 방향성을 알려 주는 귀중한 책입니다. 한번 읽고 마는 책이 아니라 항상 책상에 올려 두고 가까이하길 추천합니다.

김원 부회장 | 삼양사

물류 업계 실무자들 사이에서는 오래전부터 전해 오는 이야기가 하나 있습니다. 재화의 흐름을 논하는 물류의 본질은 사실 사람 사이의 관계를 논하는 '인류人流'이자 '심류心流'라는 것인데요. 심서心書라고도 알려진 제갈량의 병서 '장원將苑' 역시 그러합니다.

전쟁의 승패를 좌우하는 요소로 리더의 마음가짐과 인간관계의 중요성을 강조하고 있으니까요. 이 책이 전하고자 하는 내용 또한 그렇습니다. 제갈량 사후 수천 년이 지난 지금에도 변하지 않는 리더십의 본질은 무엇인지 생각할 거리를 남깁니다.

엄지용 대표·창업자 | 커넥터스

리더 상실의 시대에 소환하는 제갈공명 리더십은 현대 사회에 절실히 필요한 리더십의 본질을 탁월하게 짚은 책입니다. 저자는 제갈공명의 병법서를 현대적 관점에서 재해석하여, 오늘날 조직과 사회가 직면한 리더십 과제에 관한 통찰력 있는 해답을 제시하고 있습니다. 법조계에 몸담은 저로서는 이 책에서 다루는 리더십의 원칙들이 법무법인 경영에도 직접적으로 적용될 수 있음을 깨달았습니다. '적재적소에 인재를 배치하라', '신뢰와 의리로 팀을 이끌어라', '변화에 민첩하게 대응하라' 등의 교훈은 법률 서비스 조직을 이끄는 데 있어 핵심적인 지침이 됩니다. 이 책은 단순히 고전을 재해석하는 데 그치지 않고, 현대 사회의 리더들이 직면한 실질적인 문제들에 대한 해법을 제시하고 있어 법조인은 물론 모든 분야의 리더들에게 이 책을 추천합니다. 리더십의 진정한 의미를 되새기고, 자신의 리더십 스타일을 재점검할 훌륭한 기회가 될 것입니다.

조정희 대표변호사 | 법무법인 디코드

원고를 읽다 보니 '선패자불망善敗者不亡, 즉 잘 패한 자는 결코 망하지 않는다'라는 구절이 눈에 들어왔습니다. 자세히 살펴보니 '작은 실패와 충분한 준비로 망하지 않는다'라는 뜻으로 이해가 되었습니다. 창업은 사실 끝없는 실패의 경험이 쌓여야 성공의 문턱에 도달할 수 있는 것이며, 한 발 한 발 나갈 때마다 여러 번의 실패가 쌓이고 모여서 성공으로 이끈다고 생각합니다. 경영은 리더십이며, 의사결정은 곧 리더십의 결과입니다. 제갈공명의 리더십을 이해하게 되면 실패하여도 다시 일어설 힘을 얻을 수 있을 것입니다.

저에게 다시금 힘을 내게 만들어 주는 구절은 '자기가 싸울 땅을 모르고 전쟁에 이기는 법은 없다' 입니다. 이것을 기업에 적용하면 '자신의 상품을 판매할 시장을 모르면 성공할 수 없다'라는 뜻인데, 시장을 알면 성공할 수 있다는 말입니다. 현재가 어려우면 시장의 변화와 경쟁 그리고 미래를 보며 길을 찾아야 합니다. 고전이란 본래 어렵게 생각되는데 이것을 저자가 재미있고 쉽게 풀이하여 더욱 반가운 책입니다.

하영균 대표 | 에너지 11 기술 (상도록 저자)

빠르게 변화하는 세상에서 우리가 고전에 주목해야 하는 이유는 시대가 변해도 인간의 본성과 핵심 가치는 달라지지 않기 때문입니다. 이 책은 삼국지라는 인류 역사상 가장 성공적인 고전을 기반으로 현대를 살아가는 조직의 리더들에게 리더십의 본질에 관한 질문과 메시지를 전달하고 있습니다. 특히 제한된 자원으로 열세를 극복하고 성과를 내야 하는 스타트업의 대표에게 제갈공명의 리더십은 인사이트를 전달하니, 스타트업 대표라면 책상에 두고 어렵고 힘들 때마다 읽고 스스로 해답을 찾는 데 도움이 되길 바랍니다.

김형우 대표 | 트래블월렛

제갈공명의 리더십은 단순한 전략을 넘어, 사람을 꿰뚫고 시대를 앞서가는 통찰로 빛납니다. 이 책은 그의 지혜를 현대 독자들에게 생생히 전달해, 새로운 깨달음의 문을 열어 줍니다. 저자의 날카로운 분석과 깊이 있는 통찰이 돋보이는, 읽는 이에게 강렬한 울림을 주는 작품입니다.

정용은 대표 | 스토어링크

인공지능 스타트업의 대표로서 저 스스로가 '제갈공명, 지혜의 리더십'을 통해서 일, 비즈니스, 리더십으로 살아가는 방식에 관한 경험, 나음, 다름, 발전을 한 단계씩 돌이켜볼 수 있었습니다. 끊임없이 이어지는 스토리로 새벽까지 딥다이브 deep dive 할 수 있었습니다.

이수민 대표 | Wayne Hills Bryant A.I

유비가 삼고초려해서 모셔 왔던 제갈량은 삼국시대 촉한의 재상이자 정치가로서 그의 고전적 지혜가 현대 리더십 이론으로 융합된 사례가 없었습니다. 저자는 제갈공명의 병법과 전략을 현대적 언어로 재해석하고, 우리가 놓치기 쉬운 리더십의 본질을 천지인으로 분류하여 다양한 사례와 그림으로 설명하여 더욱 편하게 책을 읽었습니다.

제갈공명이 강조했던 전략적 사고와 사람을 다루는 용인술과 통찰력은 시대를 초월하여 현시대의 리더들에게 강력한 가르침을 제공합니다. 제갈공명이 리더로서 보여준 예리한 판단력과 대담한 결단력, 그리고 조직 내에서 신뢰와 소통을 어떻게 구축하여 위기 상황에 대처하는지에 관한 구체적 예시와 실용적 방법들은 지혜로운 리더가 되고자 하는 이들에게 살아있는 본보기를 제시합니다.

제갈공명의 출사표가 유명하듯 저자의 리더십 출사표 또한 인상

적입니다. 현대 사회는 이제 하드파워의 성장을 넘어 소프트파워의 중요성이 더욱 강조되고 있으며, 이 책에서 배우는 지혜는 단순히 텍스트로 끝나는 것이 아니라 챗GPT^{ChatGPT}처럼 끊임없이 주고받는 대화와 토론을 통해 혁신과 발전을 거듭할 것이라 확신합니다. 조직을 이끌어 가는 위치에 있으며, 올바른 리더십을 고민하는 분이라면 반드시 읽어야 할 필독서입니다. 제갈공명의 지혜를 통해 자기의 리더십을 한 단계 더 발전시키길 바랍니다.

최태림 상근부회장 | 한국IT비즈니스진흥협회

오랜 역사를 지닌 기업이든 신생 스타트업이든 모든 기업이 세대를 아우르는 진정한 리더의 모습이 어떠해야 하는지 목말라하는 시대에 살고 있습니다. 저자의 오랜 경험으로 병법 고전을 새롭게 해석해 전통 기업과 스타트업을 비롯한 모든 리더에게 신선하고 새로운 리더십의 이정표를 제시하고 있어 추천합니다.

김성렬 CFO | GC녹십자

삼국지를 나름 많이 읽은 애독자로서 제갈공명의 명성은 잘 알고 있었으나 정작 그의 병법서는 잘 들어보지 못했으며, 또한 한국어로 접할 기회가 없었습니다. 제갈공명 병법서의 '심서心書'라는 제목부터 자기 자신과 자신의 마음에 대한 깊은 고찰을 담고 있습니다. 그동안 대한민국 현대 사회의 전반적인 모습이 '나의 고찰'보다는 '남에 관한 평가'로 점철됐었는데, 저자의 글은 이러한 사회에 좋은 시사점을 주고 있습니다. 모쪼록 독자 여러분께서도 '나'를 찾을 기회가 되시기를 바랍니다.

송지훈 수석상무관 | 주한이스라엘대사관

삼국지의 인물 중에 중국에서는 관우를, 일본에서는 조자룡을, 한국에서는 제갈량을 가장 좋아한다고 합니다. 관우나 조자룡, 장비 등 이름난 장수들은 리더십보다는 충성, 의리, 우애, 용맹의 팔

로우십이 주로 주목받았으나 제갈량은 삼국지 정사와 야사, 소설을 통해서도 매우 훌륭한 리더로 평가받고 있습니다. 읍참마속泣斬馬謖, 칠종칠금七縱七擒 고사에서 보듯, 제갈량은 사람 대하기를 진중하고 공정하게 하려 노력했습니다. 삼국시대나 현대나 조직의 생리나 사람 간 문제는 크게 다르지 않습니다. '패도'의 조조나 '인덕'의 유비 위주의 연구가 주류인 가운데, 제갈량 리더십에 주목하는 시선이 늘어나 반갑습니다. 손무의 병법서가 현대 직장인의 전투 교본으로 재해석되었듯, 이 책을 시작으로 제갈량의 심서心書도 클래식으로 자리 잡기를 바랍니다.

이형두 기자 | 전자신문

스타트업에서 가장 중요한 것은 사람이고, 또한 그 사람을 이끌어 가는 리더십입니다. 스타트업 투자 일을 하고 있지만, 실제로 보는 것은 사람입니다. 천재 병법가로 불리는 제갈공명을 통해 과거와 현재를 잇는 리더십의 본질을 배울 수 있는 본서를 추천합니다.

김경민 대표 | 엑시스인베스트먼트

직장인이라면 사회생활을 하면서 한두 번쯤은 고민하게 되는 주제와 궁금증이 있습니다. 지혜로운 리더라고 불리는 제갈공명의 병법서와 저자의 현대적 해석을 통해 조직을 이끄는 리더십, 기득권을 혁신하는 새로운 조직 문화를 수용하는 방법 등 여러 다양한 궁금증에 관한 명쾌한 해답을 얻게 되었습니다. 제갈공명이 가르쳐 주는 리더십의 정수를 통해 자기 주도적이고 주체적인 리더십, 하수를 벗어나 고수로 성장하는 리더십 등 진짜 나의 인생을 살아가는 법에 관해 깊이 생각해 보는 계기가 되었습니다.

채예진 본부장 | 위드윈인베스트먼트

저자는 평소 다독을 하며 주위 스타트업 종사자나 투자자들에게 인사이트를 줄 수 있는 책을 많이 추천해 주셨습니다. 현직 스타트업 대표이자 스타트업 CEO들의 멘토인 저자가 지난 수십 년간의 다독과 다상량을 통해 다진 생각과 대기업 신사업 개발 담당, 스타트업 CEO로의 다양한 커리어 변신을 통해 쌓아 온 사람과 조직에 관한 통찰력을 담아 리더십을 다룬 이 책은 제갈공명의 병법서와 견주어도 부족함이 없을 듯합니다. 회사를 이끌어 가는 방향성으로 항상 고민하는 스타트업 CEO들에게 일독을 권합니다.

박민영 상무 | 마스턴파트너스

    오늘날 믿음직한 리더를 간절히 원하는 우리에게 많은 것을 느끼게 하는 책입니다. 중국 역사 최고의 책략가 제갈공명의 글을 통해 훌륭한 리더가 되는 길과 그 자질이 예나 지금이나 크게 다르지 않다는 사실을 명쾌하게 보여줘 더욱 흥미롭습니다. 자칫 딱딱한 군사 병법 중심의 내용으로 치우칠 수도 있는 부분을 현시대에 맞게 재해석하고, 편하게 읽을 수 있도록 위트 가득한 스토리로 풀어간 것 역시 특징적입니다. 특히, 믿고 따를 수 있는 팀장과 선배를 만나고 싶어 하는 직장 내 MZ 세대뿐만 아니라 과거와 다른 성격의 팀원과 후배를 이끌어야 하는 잠재 리더들에게도 시사하는 바가 큽니다. 이 책을 통해 올바른 리더십뿐만 아니라 회사/조직/권력/자리/인간관계 등과 관련된 삶의 지혜까지도 경험해 보길 추천합니다. 당신은 어떤 리더가 되고 싶은가요?

박은준 이사 | 아이디어브릿지자산운용

    제갈공명은 지혜와 전략의 상징으로, 그의 리더십은 오늘날에도 여전히 많은 이들에게 영감을 주고 있습니다. 공명의 통찰력과 결단력은 복잡한 상황에서도 올바른 길을 찾는 데 도움이 될 것입니다. 독자들은 그의 이야기를 통해 진정한 리더가 되기 위한 지혜를 얻을 수 있습니다. 더 나은 미래를 만들어 가는 여정에 공명과 함께하길 바랍니다.

손상일 교수 | 세종대 (국제정보보안 과학기술인협동조합 이사장)

손자병법이 전통적인 산업 사회를 이끄는 전략으로 한 시대를 풍미했다면, 인공지능과 양자컴퓨팅이 이끄는 첨단 기술의 4차 산업혁명 시대야말로 인재를 중시하는 제갈공명의 리더십으로 시장과 고객, 회사와 투자자를 리딩해야 할 시기입니다. 제갈공명의 병법서를 현대적 리더십으로 풀어서 설명하려면 다양한 산업 분야의 지식과 경험, 혜안이 받쳐주지 않으면 불가능합니다. 저도 스타트업 대표로서 새로운 사업 모델과 혁신으로 시장에 도전하고 있습니다. 변화와 혁신, 전략의 리더십으로 고민하는 모든 스타트업 대표께 일독을 권합니다. 아마, 무릎을 탁탁 치면서 읽게 될 겁니다.

나현정 대표 | 코니아랩

저자가 저에게 추천사를 써 달라고 했을 때 느낀 소회는, '언젠가는 모두에게 도움이 될 수 있는 책을 한 권 쓸 거로 생각했는데 때가 되었구나' 하는 느낌이었습니다. 저자와는 이십 년이 넘는 인연을 맺고 있는 좋은 벗이며, 영업이라는 비즈니스 전쟁의 일선에서 서로 의지하며 희로애락을 겪은 사이입니다. 삶과 죽음이 교차하는 치열한 전쟁터에는 금메달만 있고, 은메달과 동메달은 존재하지 않으며, 전쟁터에서는 장수와 병사들이 서로를 믿고 의지해야만 좋은 결과를 성취할 수 있습니다. 세상과 함께 꿈을 꾸며 나가는 저자의 평소 지론이 펼쳐지는 모습을 보고 싶습니다. 부디 여러분의 일상에 많은 도움이 되는 필독서로서 항상 머리맡에 두길 권합니다.

설재헌 대표 | 디지털노마드헬스케어

4차 산업혁명 시대에 인문학 기반 리더십은 사업 성공을 위해 매우 중요한 덕목입니다. 그러나 리더가 열정과 지식만으로 조직을 이끌어 가기는 어렵습니다. 비즈니스 현장 전문가인 저자가 10년간 제갈공명을 연구해서 리더십으로 재해석한 내용이 4차 산업혁명 시대에도 적용될 유익한 내용을 담았기에 일독을 강력히 추천합니다.

김윤근 대표 | MD헬스케어

어린 시절 삼국지를 읽고 누구나 한 번쯤 동경하는 대상이 있었을 겁니다. 많은 남자가 아직도 동경하는 희대의 천재, 제갈공명!

사실 삼국지 소설을 제외하고 제갈공명의 철학과 생각, 전략에 대해서 제대로 알 수 있는 기회가 없었습니다. 제가 아는 분 중에서 수많은 IT 신사업을 처음부터 끝까지 하드캐리해서 성과를 끌어낸 신규 사업 전문가인 저자가 풀어가는 제갈공명의 리더십은 그야말로 흥미진진합니다. 딱딱하고 이론적이지 않은 현장의 이야기라 너무 리얼하며, 경영학 책을 쓴 유명한 학자들처럼 문체가 깔끔하지 않고 현장 전문가인 저자의 글은 다소 거칠고 투박하지만, 진심과 진정이 담겨 있고, 현실의 문제를 정확히 지적하고 있어 더 마음에 와닿습니다.

김용준 대표 | 제삼시장

어느덧 40대 후반. 사업을 시작한 지도 17년이 흐른 지금까지 여전히 리더십에 관해 고민하고 있습니다. 인원이 많을 때나 적을 때나 리더십은 회사 조직 같은 곳에서나 고민할 문제라고 생각했지만, 아이들이 커가면서 그 고민의 방향이 조금씩 가정으로 투영되기 시작했습니다. 저자의 글을 읽으면서 현재 제가 운영하는 회사 조직과 아이들의 성장에 관한 방향성을 다시 한번 고민하는 계기가 되었습니다. 쉽게 풀릴 수 있는 문제는 아니지만, 저자의 가르침을 통해 저만의 해답을 찾아가고 싶습니다.

조석윤 대표 | 휴앨

조직의 리더들은 인공지능 기술의 급속한 발전으로 지금껏 경험해 보지 못한 변화를 겪고 있습니다. 어제까지 맞았던 정답이 오늘은 달라지고 있으며, 조직, 시장, 그리고 경쟁의 기준과 개념이 빠르게 변화하고 있습니다. 저자는 제갈공명의 '심서'를 현대적 관점에서 재해석하여 현장에 적용할 수 있는 통찰을 한 권의 책에 담았습니다. 조직을 리딩하기 위해 항상 고민하는 리더에게 '지피지기

知彼知己'의 개념을 시장 분석과 경쟁사 벤치마킹으로, '용인술用人術'을 현대의 인재 관리 기법으로 풀어내 새로운 관점을 제공하는 저자와 고전의 지혜를 놓치지 마시기를 바랍니다.

양우진 부대표 | 아웃컴

기업을 하다 보면 항상 '내가 지금 제대로 하는 것인가' 하는 자문을 하게 됩니다. 누구 하나 속 시원하게 답을 주지 못하는 이 상황에서 무언가 대안이 되고 가이드가 될 만한 것을 찾게 됩니다. 우리가 모두 잘 알고 있는 '상대와 나를 아는 지피지기知彼知己'가 손자병법의 기본이라면, 허허실실虛虛實實의 특출한 전략을 얘기하면서도 제갈공명은 모든 것의 중심이 인재에 있다고 강조합니다. 인공지능과 기술이 세상을 지배하는 시대에 사람을 그 중심에 두고 있는 제갈공명의 리더십이야말로 현재와 미래의 방향을 제시하는 한 줄기 빛과 같습니다. 삼국지뿐 아니라 역사적으로도 천재로 손꼽는 제갈공명의 지혜를 현대적으로 해석한 저자의 글은 척박한 시장, 불확실한 상황, 실패의 두려움이라는 어두운 골목에서 스타트업과 리더들을 잡아주는 따뜻한 손길처럼 느껴집니다.

도준호 대표 | 올댓페이

제가 스타트업을 경영하면서 인연을 맺은 저자의 신사업에 관한 이해력과 사업화 전략 구조화 능력은 불가해할 정도로 비범했습니다. 비즈니스 자리에서는 견고한 지략가의 면모를, 술자리에서의 언변은 만담가를 연상케 하는 기이한 매력의 소유자인 그가 '제갈공명 리더십'을 저술하였다는 말을 듣고도 저는 놀라지 않았습니다. 이 책은 인문학과 IT, BT, 인간관계의 정수를 제갈공명 병법으로 해석한 저자의 페르소나 그 자체입니다. 재미로 가볍게 읽히면서도 절대 가볍지 않은 울림이 있는 책으로 기꺼이 일독을 추천합니다.

허수복 대표 | DDH

권한보다 책임만 잔뜩 늘어난 리더를 기피하는 현시대에 리더십의 기본에서부터 다시 출발한 책입니다. 올바른 리더십을 끊임없이 고민할 수밖에 없는 수많은 기업과 스타트업, 조직의 대표, 임원, 리더들에게 시행착오를 줄일 수 있는 솔루션으로 저자의 책을 추천합니다. 스스로 채찍질을 하다못해 '못난 리더'라는 자괴감에 괴로워하는 리더들에게 이 책이 필요합니다. 스타트업 CEO에게 힐링 도서로 추천합니다.

안태준 대표 | 피터팬랩

　　손자병법을 저술한 손무와 삼국지의 제갈량은 위대한 군사 전략가로 손꼽힙니다. 손자병법은 오랜 세월 동안 시대와 문화의 경계를 초월하여 현대적 맥락에서 전쟁을 넘어 비즈니스까지 큰 영향을 준 고전이지만 제갈공명의 병법에 관해서는 시중에 잘 알려지지 않았습니다.

　　삼국지 문학에서 대중에게 비범한 능력과 캐릭터로 묘사된 제갈공명은 군사 전략가와 리더로서 독보적인 지위를 차지하고 있습니다. 엄격한 규율과 명령 체계를 강조한 손자병법에 비해 인재, 소통, 병사의 사기를 중요하게 생각했던 제갈공명의 리더십은 현시대를 이끌어 가는 리더들에게 시사하는 바가 큽니다.

　　제갈공명의 병법서를 현대적 리더십으로 재해석한 저자의 시도는 혁신의 시대에 진화하고 발전하는 비즈니스와 결이 맞다고 생각합니다. 올바른 리더십을 고민하는 많은 리더에게 이 책이 나침반이 되어 줄 것이라 여기며, 또한 다양한 산업 분야에서 비즈니스의 혁신, 진화, 발전에 큰 영향을 미치기를 희망합니다.

알렉스 박 대표 | 카르노플릿

　　한국과 실리콘밸리 비즈니스 현장을 뛰는 입장에서 보면 리더십의 중요성은 아무리 강조해도 지나치지 않습니다. 실리콘밸리 기업과 빅테크 기업의 리더들은 항상 책을 가까이하며 리더십과 비전에 관해서 끊임없이 고민하고 있습니다. 제갈공명이 활약했던 시대의 치열했던 고민을 비즈니스 현장 전문가인 저자가 현대적으로 쉽게 풀어내어 설명하고 있으나 그 내용은 간단치 않습니다. 미국 실리콘밸리 스타트업 대표들에게도 추천하고 싶은 책이며, 한두 번이 아니라 열 번 읽어보라고 강권하고 싶은 책입니다.

이승민 파트너 | HGP

저자를 처음 만난 것은 밀레니엄 시대를 눈앞에 둔 1999년이었습니다. 2000년부터 촉발된 모바일 혁명과 블록체인, 빅데이터, 인공지능 등 시대를 선도하는 기술을 저자는 가장 빠르게 받아들였고 이를 어떻게 새로운 비즈니스에 접목할 수 있을까에 대한 끝없는 고민을 하였으며, 그로부터 파생된 크리에이티브와 지혜가 저자를 전략가, 신사업 전문가로 변화, 성장하게 하는 것을 지켜보았습니다.

삼국시대의 영웅인 유비에게는 수많은 명장이 있었으나 결국은 탁월한 전략가인 제갈공명을 만나 리더로서 그의 진정한 꿈을 이룰 수 있었습니다. 시시각각 변하는 세계의 경제 질서와 기술 혁명 속에서 하드파워도 중요하지만 '제갈공명의 리더십'은 시간이 흘러도 변하지 않는 리더십과 소프트파워가 무엇인가를 제시하고 있습니다.

박동진 대표 | 웹파트너

불확실과 혼돈의 시대.... 한마디로, '엉망진창'인 시대를 살아가는 오늘날, 춘추전국시대를 이끈 제갈공명의 리더십은 새로운 길을 밝혀 주는 한 줄기 빛이 될 수 있을 것입니다. 이익과 효능, 성능과 기능, 가격과 품질로 경쟁하는 현대의 시장에서 어쩌면 리더십이라는 말은 곧 사라질 구태의연한 표현일 수도 있습니다. 하지만 다시 곰곰 생각해 보면 본질이 과연 변할 수 있겠느냐는 의문을 품게 됩니다. 제갈공명의 병법서를 현대적 리더십으로 재해석한 저자의 글이 리더십이 상실되어 가는 '혼돈의 시대'를 살아가는 오늘날의 리더들에게 꼭 필요한 이정표가 될 것으로 생각합니다.

주상돈 대표 | IP데일리

저는 실리콘밸리에서 창업해 봤고 국내에서도 해 봤습니다. 아무리 기술이 좋고 지식이 뛰어나고 현명하다고 하더라도 막상 스타트업을 창업해 시장에 성공적으로 런칭한다는 것은 매우 어려운 일입니다. 평소에 우리가 흔히 알고 있는 손자와 제갈공명이 아니라 10년 이상 제갈공명 병법서를 연구하고 그 깊이와 차이를 현대적 리더십으로 풀어낸 저자의 글은 리더십이 상실된 요즘 시대의 스타트업 CEO에게 앞으로 나아갈 길을 제시하고 있습니다. 꼭 읽어보길 권하며, 추천합니다.

홍원기 교수 | 포항공대 컴퓨터공학과

가슴 뛰는 내일의 찬란한 인생을 막연하게 꿈꾸지만, 많은 사람들이 양손에 잡은 밧줄 중 한 손을 놔야 다른 밧줄을 잡고 앞으로 나아갈 수 있다는 사실을 알면서도 주저하고 자신을 합리화하며 안주하게 됩니다. 잡고 있던 밧줄을 더욱 꽉 움켜잡아도 결국 조금씩 힘이 빠지는 가혹한 현실속에서 저자는 마음의 눈을 떠 세상과 자신, 현실과 미래를 직시하는 기회를 만들어 주고 있습니다. 시대가 변해도 삶의 진리는 변하지 않듯이 현자와 성인의 메시지를 통해 막연한 꿈과 현재의 나를 돌아보고 변화의 주체로 만들어 볼 수 있는 내용 가득한 책입니다.

안호종 대표 | 에스크코퍼레이션

Art of Leadership

I. 천ᄌ

천지인의 삼위일체 중에서 천ᄌ은 '조화'를 목적으로 하여,
자연스러움, 시간, 기미와 기틀, 사물의 이치와 개념을 설명하고,
원래 존재하고 있던 것과 순환하는 것들 사이의 의미를 나타냅니다.

1. 리더의 자리는 무엇으로 이루어지나

심서 병기兵機편에서는 '병권의 기틀'을 이야기하면서
리더에게 제대로 된 병권이 있어야 맹호가 날개를 달고
사해를 호령하듯 군대를 운용할 수 있다고 설명합니다.
주요 키워드Keyword는 세 가지이며,

첫째가 명命이니,
즉 장수로서 왕에게서
'권한을 명命 받았다'라는 뜻입니다.

(너를 장군으로 임명하노라!!!)

현대에서도 매니저나 리더에게
제대로 된 권한을 줘야
책임도 물을 수 있는 것인데,
예나 지금이나

권한은 쪼금 주고
책임만 뒤집어씌우는 건
비슷했나 봅니다.

그러니 예나 지금이나
이를 중요시하는 것이겠지요.

둘째는 세勢(군사)이니
세력이라 부를 만한 수의 군사입니다.

(장군! 저희가 왔습니다!~)

리더라고 임명해 놓고
아무런 가용 자원을 주지 않는다면
무엇을 할 수 있겠습니까?

셋째는 위威(위엄)을 말합니다.

왕이 장수를 함부로 대하고
장수가 스스로 위엄이 없으며
군사들이 존경하지 않는다면
위엄이란, 그저 으스대는 꼴일 뿐입니다.

(포~스, 자리에 걸맞은 무게감!)

소위 포스Force가 느껴진다는 말이
위엄을 잘 표현하는 것 같네요.

권한과 책임은 비례하는 것입니다.

병권을 준다고 함은
제대로 된 명령권을 주고
세력과 자원을 주어
믿고 맡긴다는 뜻입니다.

눈 가리고 아웅 하는 짓은
'당나라 군대'에서나 통하는 법입니다.

2. 시스템을 움직이는 약속, 프로토콜

제갈공명 심서 위령威令편에서 말하기를
상賞과 벌罰이 제대로 시행되고 있고
위아래의 질서와 예의가 잘 지켜지고 있다면
평범한 장수도 나라를 지킬 수 있다고 합니다.

체계화된 시스템의 프로토콜을 신뢰할 수 있고
리더의 약속과 말에 무게가 실리게 되면
리더가 부재한 경우에도 시스템은 정상 운행되고
누가 리더를 맡게 되더라도 기본은 합니다.

리더가 꿈꾸는 흔한 미래 희망은
차세대 리더를 육성해 자리를 물려준 다음
은퇴해서 편안하게 탱자탱자~ 노는 것입니다.

그래서 '나 없어도 잘 돌아갈 수 있는'
시스템과 프로토콜을 만들어 놓는 것이죠.

그런데 이걸 반대로 행동하는 이들이 있습니다.

눈앞에 닥친 생존과 이익을 차지하고
특권, 성공, 이권을 놓지 않으려는 이들은
3대 주둥아리 신공을 구사하는데요.

―――――
첫 번째, '너, 내가 누군지 알아?'라는 말을
평소 입에 달고 삽니다.
미개하고 천박하며 덜 깨어있는 사회에서는
부패한 세력 간 결탁을 인맥이랍시고
떠벌리고 다니는 인간들이 다수 존재합니다.
(요즘도 자주 보이는 유형 ㅋㅋ)

이런 부류의 인간들은 되도록 멀리하십시오.
떡고물이나 떨어질까 싶어 주변에 얼쩡거리다가
모난 놈 옆에서 정으로 뚜드려 맞습니다.
그리고 실제로 뚜껑을 까보면 별것도 없고
아무 도움도 안 되는 그냥 쭉정이들입니다.

―――――
두 번째 주둥아리 신공은
'나 없으면 이 조직 안 돌아가'를 남발합니다.

이들은 '나 없으면 안 돌아가는 조직'을 만들려고
조직 내에 쓸데없는 파벌을 조성하고
정치질을 하며, 분열과 갈등을 조장합니다.

조직의 안정과 발전, 생존에 대해서 '1도' 관심 없는
이런 부류를 최우선으로 잘라야 합니다.

미련 갖지 말고 과감하게 버리십시오.
하루가 급합니다.

―――――
세 번째, '넌 그래서 안 되는 거야'라며
같잖은 충고와 조언을 남발하는 부류를 보면
재빨리 손절하는 게 좋습니다.

이런 부류의 인간들이 주변에 있는 경우
내가 잘되면 질투하고 험담을 하며
내가 잘못되면 '네가 그럴 줄 알았어'라며
실패와 저주의 가스라이팅을 시전합니다.

호환, 마마보다 무서우니 빠르게 손절해야 합니다.

제도와 시스템, 약속과 프로토콜... 이런 건
우리 모두 다 같이 잘 살아 보자고 만든 겁니다.

그런데 '저 잘났다' 내지 '저 혼자 살겠다'라면서
모두에게 해를 끼치는 그런 인간들이 있다면
포스Force의 위엄에 대한 가르침을 줘야 하겠죠.

전쟁터의 군율은 평상시의 법 제도와 다르니
즉결 처분**卽決處分**
(절차를 생략하고 즉시 행한다.)
선참후계**先斬後啓**
(먼저 참수하고 나중에 고한다.)

혼자 앞장서 적진에 뛰어들던 이순신 장군도
도망치는 아군병사는 가차 없이 베어 버렸습니다.

리더가 손에 피 묻히길 두려워하면 자격상실!
가시밭길을 지나지 않고 꽃길이 나올까요?

원칙과 기준이 없고 말에 무게가 없으면
규칙과 약속이란 공허한 메아리에 불과합니다.

GPT Content by Author Prompt

3. 권한과 책임

심서 '가권假權(빌려줄 가, 권한 권)편'에 나오는
'리더의 권한'을 풀어봅니다.

장수에게는 사람의 목숨이 달렸고
성공과 패망이 걸렸으며,
화禍와 복福이 의지하고 있다고 합니다.

'장수'란 바로 현대적 의미의 리더.

리더는 권한을 부여받고 책임을 짐으로써
비로소 조직을 움직이는 힘을 가지게 되는데,
위로부터 단계별로 내려오는 하향식Top-down이든
여러 사람들의 뜻을 대변하는 상향식Bottom-up이든
권한과 책임은 같은 무게를 지니게 됩니다.

만약 권한은 없고 책임만 지우면 어떻게 될까요?

잘 되면 남의 공功, 잘못되면 내 탓이 되니
잘해도 그만, 못해도 그만, 안 해도 그만.
결국 이 핑계 저 핑계를 대면서 눈치만 봅니다.

누가 강자이고 약자인지를 파악하면서
오직 생존에만 모든 초점을 맞추게 되죠.

강한 자가 살아남는 것이 아니라
살아남은 자가 강하다는 논리이지만
그 살아남은 자가 하는 짓이 바로 복지부동입니다

'복지부동伏地不動'이란
가만히 개처럼 엎드려서 던져주는 먹이만 받아먹고
숟가락 하나 들고 남의 밥상을 기웃거리는 건데요.

그런 인생은 실패를 예약해 둔 거나 마찬가지죠
왜냐하면, 'Risk Free'란? 곧 'Chance Free!'
위험이 없으면 기회도 없습니다.

리더는 원래 리스크Risk를 관리하고 헤징hedging 하는 자리인데
위험도 없고 기회도 없는
이도 저도 아닌 두리뭉실한 상태라는 건
리더의 존재 이유와 가치가 없다는 뜻이니까요.

'복지부동伏地不動'이란 말에서
복伏(엎드릴 복)의 한문을 잘 보십시오.

개가 주인 옆에 납작 엎드린 꼴입니다.
그렇게 살아남은 개가 사는 인생이 행복할까요?

개처럼 벌어서 정승처럼 살고 싶었겠지만
결국은 개로 살다가 개로 죽게 됩니다.

그런 X 같은 조직, X 같은 인생
잘 살펴보시면 의외로 많습니다.

(멍멍아 미안하다. 네 얘기 하는 거 아니다.
이상하게 욕이 아닌데 욕처럼 들려서 마스킹Masking ...)

그럼 책임은 없고 권한만 있으면 어떻게 될까요?

잘 생각해 보십시오.
소름 돋는 무서운 일이 생깁니다.

어디 행사가서 사진이나 찍고 생색이나 내다가
문제가 생기면 자기는 쏙 빠지는 인간들 보셨죠?

어르고 뺨치는 놈
앞으로 웃고 뒤로 찌르는 놈
화장실 갈 때와 올 때가 다른 놈
처음엔 간도 쓸개도 빼줄 것 같다가
단물만 쪽 빼 먹는 놈
방귀 뀌고 성내면서 뒤집어씌우는 놈.

이런 부류는 대부분 남과 공감하지 못하고
피해자의 상황을 전혀 고려하지 않습니다.
그래서 사기꾼들은 거의 다 소시오패스입니다.

소시오패스Sociopath가 반려동물을 키우지 못하는 데에는
이런 이유가 있는 것입니다.
(소시오패스: 범행을 인지하는 반사회적 인격 장애)

이런 소시오패스 사기꾼들이 책임은 없고
권한만 행사한다고 가정해 보십시오.

생각만 해도 소름이 쫙쫙 끼칩니다.

제갈공명은 말하고 있습니다.

강태공, 한신, 손무 같은
날고 기는 장수와 병법가들도
권한을 제대로 행사할 수 없으면
전쟁에서 공을 세우기는커녕
자기 한 목숨 지키는 것도 힘들다고 말합니다.

하물며 우리 같은 평범한 사람들이야 오죽할까요.

권한과 책임을 진 리더를 잘 만나야 하고
그런 조직을 잘 골라야 하는 이유입니다.

그리고
내 인생을 이끌어주는 멘토링과 리딩^{Leading}을
아무에게나 함부로 맡겨서도 안 됩니다.

스승과 선생, 리더는
그런 무거운 의미를 지닌 사람들입니다.

가권假權... '권한을 빌려준다'라는 뜻인데요.

권한을 빌려준 사람이 예전에는 왕이었지만
지금은 국민입니다.

그걸 잊으면 서로 피곤해지겠죠?

4. 리더에 대한 권한 위임

이번 내용은 군대를 전쟁터로 내보내는 출병出兵식 때
장군을 출정시키는 출사出師편입니다.

실제 제갈량이 위나라 토벌 목적의 출정식 때 쓴
출사표는 뛰어난 명문장으로 유명하니
한 번쯤 시간 될 때 음미해 보시면 그 당시
제갈량의 심정을 조금은 공감할 수도 있지 않을까요.

이번 출사出師편은
제갈량의 그 출사표와도 무관하지 않습니다.

임금이 장수에게 병권을 위임해서
전쟁터에 내보내는 것은
현대적으로 이야기하면 리더의 권한 위임입니다.

기업의 오너^{Owner}로부터 권한을 받아
전문경영인 리더가 될 수도 있고,
또한 리더가 그 차상위자에게
권한을 위임한다고도 볼 수 있습니다.

장수가 군사를 이끌고 출정하는
출사편에는 좋은 문구들이 많이 있지만
핵심을 요약하면,

'장수를 임명하고
그 장수가 군사를 이끌고 출정함에
임금은 무릎을 꿇고 그 수레를 밀어준다'라고 합니다.

병사들의 생명과 국운을 짊어진
장군의 무거운 어깨를 위로하기 위한
임금의 자세가 이 정도네요.

돈으로 사람을 부린다고 생각하는 많은 이들이
손짓, 발짓 하나로 아랫사람들을
이리 가라 저리 가라 뺑뺑이를 돌립니다.

기업가들이 하는 말 중에 참 앞뒤가 안 맞는 것은
장사든 기업이든 이구동성으로
'결국 사람이다, 사람이 제일 중요하다'라고
인재와 인사의 중요성을 떠들지만
현실은 정반대입니다. 왜 그럴까요?

겉 다르고 속 다르며,
말 다르고 행동 다르며,

처음과 끝이 서로 다르므로
재주 부리던 곰은 나중에 웅담 장기 밀매 당하고
왕서방은 뒷돈까지 챙기게 되는 것입니다.

사슴을 쫓는 이는 산을 보지 못하고
돈을 좇는 이는 사람을 보지 못한다고 했습니다.

성공과 돈을 향한 욕망이 가득 찬 이들이
입만 열면 인재와 인간을 부르짖는 건
어쩌면 자신이 제일 못하는 것이 부끄러워
눈 가리고 아웅 하고 싶어서 일 지도 모릅니다.

"전쟁터에서 장군이 군사를 부리는 일은
선참후계先斬後啓 선조치 후보고."

제대로 권한을 위임받은 장수는
하늘의 변화가 두렵지 않고
땅의 조건들이 두렵지 않으며
눈앞의 적들이 두렵지 않으며
뒤에 선 임금이 두렵지 않습니다.

장수가 진정 두려워해야 할 것은
임금이 아니라 지켜야 할 나라와 국민이고
적군이 아니라 죽어갈 병사의 목숨이며
스스로 삼가지 못하는 자기 자신뿐입니다.

리더의 자리란 그런 것이고
리더가 짊어진 무게가 무거운 이유입니다.

5. 기회, 그 세 가지 기틀

세상살이에 승부, 싸움, 전쟁은 끊이지 않고
약자와 강자, 어리석은 이와 지혜로운 이들이
서로 얽히고설키면서 살아갑니다.

어리석은 이들끼리 다투는 건 개싸움에 불과하고
먹다 남은 개밥그릇엔 승냥이들만 몰려들지요.

지혜로운 이가 어리석은 이를 이기는 것은
당연한 순리順理이니 더 말할 필요 없으며,

어리석은 이가 지혜로운 이를 이기는 건
피할 수 없는 운명運命이라 합니다.

하지만 지혜로운 이가 지혜로운 이를 이기는 건
더 나은 지혜를 지니고 있어서가 아니라
준비된 기틀(機 기틀 기)때문이라 합니다.

심서 기형機形(기틀 기, 형태 형)편은
흔히 알고 있는 기회機會를 구성하는
기틀의 세 가지 형태를 설명하고 있는데요,

어떤 일事의 조짐이나 기미가 있는데도
이에 제대로 대응하지 못하면 지혜롭지 못함이고,

세력勢力의 기틀이 움직였는데도
이를 제대로 제어하지 못하면 현명하지 못함이며

뜻(情 정)의 기틀을 세웠는데도 행하지 못하면
용맹함이 아니라고 말합니다.

제갈량이 풀이한 훌륭한 리더란,
일의 조짐을 보아 지혜롭게 때를 맞추고
모여진 세력의 움직임을 현명하게 제어하며
뜻을 세웠으면 반드시 실천하는 용감함이라는
세 가지 기틀을 갖추고 있습니다.

인생에 세 번 온다는 기회機會는
이러한 일事, 세勢, 뜻情의 세 가지 기틀이 모여
준비된 승리를 쟁취한다는 뜻으로
단순한 재수, 행운, '운빨'이 아닌 게 분명합니다.

6. 이기고 지는 걸 미리 아는 방법

이번에는 심서心書 승패勝敗편에 나오는
'이기고 지는 걸 미리 아는 방법'에 관해 이야기해 봅니다.

손자병법에도 '이렇게 전쟁을 하면 반드시 진다'는
패전오계敗戰五戒에 관한 해석이 있는데
제갈공명도 유사한 표현을 했네요.

'승리의 징조'는 좀 뻔한 얘기이기도 하고
실제로 이렇게 한다고 해서 반드시 이긴다는 보장은 없기에
여기에서는 '패배의 징조'를 살펴봐서
이기고 지는 걸 미리 가늠해 봅니다.

(이렇게 행동하는 조직이 반드시 패한다는 건
확실히 시대를 막론하고 맞는 것 같네요.)

첫째, 조직이 자주 놀란다.

비즈니스 격언 중에 이런 말이 있습니다
'상사와 고객을 놀라게 하지 마라.'

긍정적이 아니라 부정적으로 말이죠.
특히 원만한 결혼생활을 원하신다면
아내를 놀라게 하지 마시길 바랍니다.

자주 놀라는 새가슴은
큰일을 성취하는 게 아니라
큰일을 내거나 망치기 쉽습니다.

둘째, 조직이 태만怠慢하다.

이건 '게으르다'라는 말인데요.

원래부터 게으른 사람은 없습니다.
제대로 된 비전이 없거나 동기부여가 안 된 것일 뿐
그렇다면 그건 누구의 잘못일까요?

비전과 동기부여를 못 한 리더의 잘못이며,
처음에 잘못 뽑은 리더의 탓입니다.

―――――
셋째, 서로 간에 예의와 신의가 없다.

예의와 신의가 없으면 '막 나가자'라는 뜻이니
이게 바로 '당나라 군대'입니다.

근데 이렇게 막 나가자는 조직을
살면서 의외로 자주 많이 접하게 될 겁니다.

―――――
넷째, 법을 두려워하지 않는다.

돈 많고 힘 있는 사람들은 법망을 피해 가고
돈 없고 힘없는 민초들만 법대로 당한다면
그 사회와 조직은 결코 오래갈 수 없습니다.

역사 이래 모든 민란民亂은
두 가지 때문에 일어났는데요,
배가 고프거나, 배가 아파서입니다.

특히 현대 사회는 배고픈 건 참아도
배 아픈 건 못 참는 세상이죠.

―――――
다섯째, 적을 두려워하고 이익만 서로 말한다.

이건 거의 '매국노와 사기꾼의 행태'인데요.

리더는 적을 두려워하는 게 아니라
지는 것을 두려워합니다.

그러나 매국노와 사기꾼은 이와 반대로
적을 두려워하고 죽음을 두려워하며,
이기고 지는 것엔 관심이 없고
오직 자기에게 이득이냐 아니냐만 봅니다.

―――――
여섯째, 서로 '화와 복'을 부탁한다.

원래 화禍(재앙 화)는 당하는 거고
복福은 베푸는 건데요.

짜고 치는 고스톱의 패거리들끼리는
누군가를 속여서 뺏고 빼앗아 상부상조하죠.
하지만 마지막엔 자기들끼리 치고받습니다.

일곱째, 요사스러운 말로 서로 유혹한다.

"누이 좋고 매부 좋고"
"좋은 게 좋은 거지, 서로 좋은 거야."

원래 이런 말의 뜻은 진짜 좋은 것이었지만
요사스럽게 변질되어
겉과 속, 앞과 뒤가 달라져 버렸습니다.

'돈에 꼬리표가 없으니,
개처럼 벌어 정승처럼 쓰고' 싶었지만
실제로는 '개'가 되어버렸고,

'강한 자가 살아남은 것이 아니라
살아남은 자가 강하다'는 말에 세뇌되어
제 살을 갉아 먹고 있습니다.

이런 조직과 군대는 어떻게 될까요?
반드시 망하거나, 폭삭 망하거나
매번 패하거나, 떼로 몰살을 당하게 됩니다.

조직이 이렇게 변질되지 않도록
잘 관리하고 책임지는 것이
바로 리더의 자리입니다.

쉽지 않겠죠?

7. 티핑포인트

험난한 비즈니스 세상, 치열한 조직 사회를
온몸으로 부딪히며 살아가는 우리에게
미생未生의 문턱을 넘어 승리의 열쇠 구멍은

현재 일어나고 있는 일, 주요 세력의 움직임, 상대방의 뜻이
모였다 흩어지는 흐름, 형태의 변화, 힘의 작용점을 이해하고
적절한 때와 시기를 알아차려 주도권을 쥐는 데 있습니다.

옛날엔 눈뜨고 멍하니 있다 보면
쥐도 새도 모르게 코만 베어 갔었는데.

요즘엔 넋 놓고 있다간 그냥 넋이 나가버리니
성공과 승리까진 아니더라도
벌건 대낮에 눈 뜨고 당하지는 말아야겠어요.

돈 많고 힘세고 세력이 강한 이가
이기는 것은 당연하고 쉬운 일이지만,
자원이 부족하고 약한 세력이 승리하려면
전략, 전술, 정보가 필수입니다.

이때 전략, 전술의 작전 내용보다 중요한 건
공격하고 방어할 정확한 시점을 파악하는 건데요..

즉 행동과 마음의 준비를 할 시점을
어떻게 명확히 알고 대처하냐는 것입니다.

이소룡Bruce Lee의 용쟁호투에 보면
서로 손을 맞댄 자세에서 대결하는
유명한 결투 장면이 나오는데요.

이소룡의 공격 동작이 너무 빨라
카메라가 못 잡아냈다는 후들후들한
전설 같은 얘기가 전해집니다.

아무튼 이소룡은 어떻게 상대보다 항상 빠르게
공격을 계속해서 성공시킬 수 있었을까요?

이소룡은 공격하려는 상대의 미묘한 기운의 변화,
미세한 동작으로 인한 불균형 순간 포착,
공격하려고 들이마시는 상대의 호흡,
상대방 근육의 긴장으로 공격 타이밍
등등 상대방의 중요한 기미, 변화
기틀, 낌새를 먼저 감지해서
상대보다 더 빠르게 치고 들어가
당황한 상대를 마음껏 공략합니다.

이건 모든 무술과 병법의 중요한
요체要諦라고 할 수 있는데요.

이걸 좀 더 무술계의 용어로 설명하면
적부동아부동適不動我不動
적미동아선동適微動我先動

적이 움직이지 않으면 나도 안 움직이고
적이 움직이려 하면 내가 먼저 움직인다,

이렇게 표현할 수 있습니다.

이걸 또 병법서에서는
전략과 전술의 고수高手가 되면
임기응변에 능통해진다고 설명합니다.

임기응변臨機應變이란,
기미를 알아채 변화에 대응한다는 뜻으로
단순한 미봉책, 임시방편이 아니며
변화의 낌새를 알아채 빠르게 대응하면
상대의 강점도 약점으로 바꿀 수 있으니
선수필승先手必勝과 '선빵 날리기'와는
아예 격格이나 차원이 다릅니다.

현대적 경영 기법의 하나인
변화관리Change Management에서도
겉으로 보이는 변화Change보다
조직 구성원의 심리, 정서, 태도
추구하는 가치와 같은 본질적이지만
눈에 보이지 않는 변환Transit요소를
더 중요하게 보고 있습니다.

우리가 살아가고 있는 세상에서는
나비의 날갯짓 같은 작은 변화로도
태평양에서 허리케인을 발생하게 하는
티핑포인트Tipping Point들이 존재하는데요.

이러한 변곡점의 변화 요인들은
주위에 널려 있는 작고 미묘한 곳에서부터 발생하니
이걸 주의 깊게 보지 않으면 놓치기 쉽습니다.

제갈공명 병법서 응기應機(응할 응, 기틀 기)편에서는

전쟁터에서
이기는 기틀을 내가 먼저 잡으려면
준비되지 않은 때와 장소를 미리 선택해
상대방에게 불리한 환경을 제공하고
상대의 강점이 오히려 약점으로 작용하는
상황을 만들어 당황하게 만들라고 합니다.

무술, 병법, 비즈니스, 조직 사회
모두 각기 다른 영역의 세계이지만
유사한 은유, 메타포Metaphor가 꽤 있네요.

제갈공명 병법서를 공부하다가 보면
자주 등장하는 단어가 몇 개 있는데
그중 하나가 기틀(기틀 기 機)입니다.

비록 한 글자로 표현되어 있지만,
기틀, 기미, 조짐, 기선 등등
상황과 문맥에 따라 여러 의미가 있고
또한 겉으로 드러난 의미와 달리
단어 자체가 지닌 무게가
마치 선禪의 화두話頭처럼 느껴집니다.

제갈공명이든 손자든 누가 썼든 간에
고전 해설이든 현대적 해설이든
읽어서 좋은 콘텐츠로 다른 이들과 생각을 나누는
다상량多商量은 리더의 기본 공부 방법입니다.

8. 시나리오 플래닝

심서 계비|戒備(경계하고 대비함)편을 통해
장수와 리더가 평소에 경계하고 유의하며
준비하고 대비해야 할 것에 관해 공부해 봅니다.

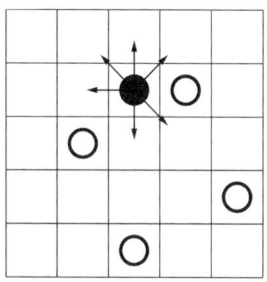

핵심 내용을 요약하면
군대가 해야 할 일은 나라와 국민을 지키기 위해
미리미리 경계하고 대비해야 한다는 것입니다.

벌이나 전갈 같은 작은 생명체도
자기 자신을 지키기 위해 독침을 품고 사는데
하물며 사람, 조직, 국가는 오죽할까요.

사람을 위협하고
조직을 위기에 빠뜨리며
국가를 위험에 처하게 하는 사건 발생은
결국 예측할 수 있는 일과 예측 불가능한 일
이렇게 두 가지 경우로 나누어집니다.

예측 가능한 일을 경계하고 대비함은
매뉴얼을 잘 만들어 숙지하고
부단한 연습을 통해 실전에 대비하며
조절 불가능한 변수를 최소화하여
사건이 발생하는 것을 예방하는 게 초점입니다.

이후 동일한 사건의 재발 방지로 마무리되지요.
이것이 바로 올바른 정법正法입니다.

그럼, 예측할 수 없는 일은 어떻게 대비할까요?

예측할 수 없는 일은 사전에 대비할 수 없습니다.

이미 일어난 사건을 얼마나 빨리 처리하고
그로 인한 피해를 최소화하는 지가 초점입니다.

예측 불가능하니 정법만으론 대응하기 어렵습니다.

그래서 임시방편의 변법變法이 필요합니다.
그러나 이러한 변법은 문제를 해결하고 나면
정법으로 다시 돌아가는 것이 목적이지
변법 자체가 법이 되어서는 안 됩니다.

모든 것을 다 대비할 수는 없으니
언제나 선택은 큰 돌부터 처리하는 걸로
그다음은 결국 차근차근 스텝바이스텝 step by step

삼국지에서 제갈공명이 조자룡에게 주면서
위기에 봉착했을 때마다 펼쳐보라던 금낭묘계.
錦囊妙計(비단 금, 주머니 낭, 묘할 묘, 계책 계).

마치 미래를 꿰뚫어 보는 초능력처럼 보이지만
'금낭묘계'란 결국 천지인天地人 3차원 방정식 변수의
전개에 따른 치밀한 시나리오 플래닝입니다.

교토삼굴狡兎三窟
(꾀 많은 토끼는 굴을 세 개 판다.)

인생을 살아가면서 시나리오 플랜 세 가지 정도는
준비해 두는 것도 나쁘지 않아 보입니다.

9. 리더의 지혜

지식이 많아도 제대로 실천하지 않는다면
작은 지혜를 올바로 사용하는 것만 못합니다.

장수와 리더는 어떻게 해야
지혜롭다고 할 수 있는지
제갈공명의 생각을 들여다봅니다.

제갈량의 병법서 심서心書 지용智用편에서는
지혜를 올바르게 사용하는 세 가지를 얘기합니다.

바로, 순천順天, 인시因時, 의인依人입니다

이 중 하나라도 거스르면(역逆)
전쟁에서 승리하지 못하는 것뿐 아니라
이겨도 이긴 게 아니게 됩니다.

예로부터
역천逆天(하늘을 거스름),
역시逆時(때를 거스름),
역인逆人(사람을 거스름)했다가
패가망신한 사람이 많았습니다.

조건은 세 가지뿐이라서 간단해 보이지만,
막상 실천하려고 들면 이게 쉬운 일이 아닙니다.
그래서 용기와 학문, 경험, 실력이 출중한
장수나 리더에게 '지혜'를 강조했는지도 모르죠.

―――――
첫째, 순천順天(하늘의 뜻에 따름).

옛날에는 별자리로 국운을 점치기도 했고
임금의 말을 하늘의 뜻이라 말하기도 했지만

인간 세상은 흥망성쇠興亡盛衰의 흐름에 따라
길흉화복吉凶禍福이 생기니 이에 대응할 때는

눈에 보이는 파도와 물결을 보지 말고
파도를 일으키는 '바람'을 봐야 합니다.

그것이 사업을 하든 전쟁을 하든
관상을 보든 점을 치든 간에 핵심입니다.

그러한 바람을 보려면
나무가 아닌 숲을 볼 수 있어야 하고

조직 전체, 시장, 산업, 국가, 세계의 상황,
거대한 시대적 변화의 물결과 트렌드 등등.

흥망성쇠 하며 변화하는 만물의 흐름 속에서
나아갈 바를 찾을 수 있는 리더의
통찰력Insight이 필요합니다.

순응한다는 게 단순히 강물에 배 띄워 놓고
넋 놓고 물결에 떠밀려 가는 게 아닙니다.

물길을 보고 따라 흘러가는 것도 순응함이요
노를 저어 옆으로 나아감도 순응함이지만
물결을 거슬러 올라가 알을 낳는 연어들에겐
거스름이 곧 순응함입니다.

둘째, 인시因時(때에 맞춰 행함).

때에 따라 이에 맞춰 행하는 게
지혜로운 건 당연합니다.

소위 말하는
"이제 때가 되었다.", "지금이 바로 그때다."
이건 대체 무슨 뜻일까요?

'때가 되었다' 함은 '준비가 되었다'라는 뜻입니다.
준비가 다 되었으니 더 이상 기다릴 필요 없죠.
미적 미적거리다가는 기회를 놓치게 됩니다

'지금이 아니면 안 될 것 같다',
'준비가 되었다'라는 건 또 어찌 알 수 있을까요?

그건 의외로 누구나 쉽게 알 수 있습니다.

왜냐하면 준비가 다 되면
'저절로' 알게 되기 때문이죠.

억지로 하는 것은
아직 때가 아니라는 뜻입니다.
'억지로'가 바로 때를 거스르는 역시逆時죠.

감나무 밑에 앉아 감 떨어지기만 기다리는
'하염없이'도 때를 거스르는 역시逆時입니다.

'올바른 때'를 시의적절하다고 하여
시중時中이라고도 하는데,
이는 중용中庸의 시간적 실천을 말합니다.

그러나 시중時中의 타이밍 맞추기야 말로
낙타가 바늘구멍으로 들어갈 확률이니

올바른 때를 안다는 것은
알고 나면 가장 쉬워 보이기도 하지만
모르고 상태에서는 가장 어려운 것입니다.

―――――
셋째, 의인依人(사람에 맞다).

사람들의 뜻과 맞지 않다면 역인逆人이니
사람을 거슬렀다는 건 민심을 잃었다는 뜻.

신뢰를 잃으면 모든 것을 잃은 것이라
군심軍心을 잃으면 전쟁에 패하고
팀원들의 신뢰를 잃으면 프로젝트는 필패必敗.
국민의 신뢰를 잃으면 나라는 당나라가 됩니다.

지금까지 제갈공명이 생각하는
리더가 올바르게 지혜를 사용하는 법을
살짝 맛봤습니다.

그러면 이제 그 세 가지 중에서
무엇부터 준비해야 할지도
생각하게 됩니다.

인간 삶의 모든 길(도道)은
신(信: 믿을 신)에서 시작해
신信으로 귀결된다고 했습니다.

리더나 장수되는 자, 그리고
자기 삶의 주인공이 되려 노력하는 이는

사람의 마음을 얻는 의인依人에서 시작해
변화의 흐름을 보면서 순천順天하고
준비를 철저히 해서 인시因時하면

'지혜를 올바르게 사용했다' 하여
'지용智用'이라 부를만하다고 생각합니다.

귀에 걸면 귀걸이, 코에 걸면 코걸이 같은
천지인天地人 비슷한 이야기만 나와도
겁이 덜컥 나고 머리가 복잡해지는 판국에
이번 장엔 '공부의 끝판왕'이라 불리는
'때時'에 대한 이야기가 나왔습니다…ㅠ.ㅠ

이번 해석은 고금에 유례도 없고
아무런 학문적 근거도 없는
주관적 사견私見임을 고백합니다.

10. 진짜 고수는 '구라'가 없다

원래 제갈공명의 글에 경지境地(수준)같은 글은
잘 다루지 않는데 그런 글이 있네요.

부진不陣(군진을 치지 않음)편 글을 통해
제갈공명의 생각을 조금이나마 들여다봅니다.

내용을 요약하면 대략 이렇습니다

선리자 불사 善理者 不師
선사자 부진 善師者 不陣
선진자 부전 善陣者 不戰
선전자 불패 善戰者 不敗
선패자 불망 善敗者 不亡

잘 다스리는 자는 군사를 일으키지 않고
군사를 잘 일으키는 자는 진을 치지 않으며
군진을 잘 치는 자는 전쟁을 하지 않고
전쟁을 잘하는 자는 패하지 않으며
잘 패배하는 자는 망하지 않는다.

좋은 내용이 많습니다.
역순으로 밑에서부터 해석해 봅니다.

———
선패자 불망 善敗者 不亡.
(잘 패배하는 자는 망하지 않는다.)

사업이란 원래 잘될 때도 있고
실패할 때도 있습니다.

그러나 결국 사업에 성공하는 자는
몇 번 실패하더라도 다시 일어난 사람입니다.

실패는 누구나 언젠가 한 번쯤은 다 합니다.
그때 어떻게 실패하느냐
그리고 어떻게 다시 일어서느냐
그게 진짜 역량이라고 합니다.

선진국 스타트업에서 실패 경험을
우대하는 데는 그러한 이유가 있는 것이죠.

'잘(?) 실패한다'는 게 무슨 뜻일까요?
할 때마다 매번 실패한다는 뜻이 아니라
실패하더라도 마지막 마무리를 잘해서
다시 일어설 수 있는 여지, 기회, 기반이
남아있도록 미리 준비해 둔다는 뜻입니다.

전쟁에서도 패해서 다 죽을 것 같으면
후일을 기약하고 항복하는 것도
하나의 전략이자 방법입니다.

다시 일어설 수 있다면
아직 망하지 않은 것이라 할 수 있습니다.

"에이 말도 안 돼. 그런 게 어딨어!
우리나라처럼 담보에 목줄 잡힌 사장들이
부도와 신용불량의 늪에 한 번 빠지면
헤어날 수가 없는데, 무슨~ 말도 안 돼!"

맞습니다. 인정합니다.

제 말은 실패할 경우에도
마지막 마무리를 어떻게 하느냐에 따라
재기의 발판이 될 수 있다는 뜻입니다.

솔직히 이 부분은 저도 확신이 없네요.
특히 우리나라처럼 실패에 가혹한 환경에서는
더욱 그렇습니다.

돈도 잃고 사람도 잃고
가족까지 잃은 경우를 많이 봐서일까요.

그러나 나이브^{Naive}(순진)하게 들릴지 몰라도
신용을 잃었어도,
신뢰를 잃지 않았다면
다시 일어설 수 있다고 믿고 싶습니다.

―――――
선전자 불패 善戰者 不敗.
(전쟁을 잘하는 이는 패하지 않는다.)

이건 또 무슨 말일까요?

일반적으로 병법에서
전쟁을 잘하는 장수는
이겨 놓고 싸운다고 하지요.

싸워서 이길 만한 전투력이나 상황을
미리 준비해서 만들어 놓고
전쟁에 임해야 승률이 높다는 뜻입니다.

반대로 이야기하면
딱 보니 싸움이 안 되거나 패할 것 같으면
화친하거나 연합하거나
승부를 미루거나 도망가거나 해서
승부 자체를 결하지 않는다는 뜻입니다.

누울 자리를 보고 다리를 뻗어야 편히 자고
질 것 같은 전쟁은 아예 싸우지 않으니,
전쟁을 잘하는 이가 패하지 않는 이유입니다.

선진자 부전 **善陣者 不戰**.
(군진을 잘 치는 자는 전쟁을 하지 않는다.)

진**陣**을 친다는 건 판을 짠다는 뜻입니다.

전문용어로 '설계한다'라고 합니다.
짜고 치는 고스톱이란 말을 들어보셨죠?
화투판 구라꾼이나 전문적인 사기꾼들은
사기를 치기 위해 작전을 짜는 데
이걸 '설계'라고 합니다.

전쟁에서 전략과 전술이 작전이며, 설계입니다.
작전에 따른 군진이 잘 펼쳐지면
이미 판이 짜지고 틀이 갖춰진 것이니
이길 수 없는 전투라 판단한다면
적들이 함부로 승부를 걸어오지 못합니다.

선사자 부진 **善師者 不陣**.
(군사를 잘 부리는 사람은 진을 치지 않는다.)

군사를 잘 일으키고 부리는 사람은
장수 중에서도 최고 레벨입니다.

전략과 전술의 한계를 뛰어넘었으니
이른바 대본이 필요 없다는 뜻입니다.

(작전, 설계, 모두 필요가 없는 경지입니다.)

화투판에서 진짜 고수는 구라와 사기가 없다고 하죠.
있는 그대로 그때그때 상황에 맞게 해도
충분히 이길 수 있는 실력을 갖췄다는 뜻입니다.

―――――

선리자 불사 **善理者 不師**.
(잘 다스리는 자는 군사를 일으키지 않는다.)

잘 다스린다는 것은 모든 것이 이치에 닿아
국민, 군사, 국가가 부강하니
적들이 감히 덤빌 엄두가 나지 않아서
굳이 군사를 일으킬 필요가 없다는 뜻입니다.

모든 것이 이치에 맞게 다스려지니
안팎으로 다툼이 없다면
인자무적(仁者無敵 : 어진 이는 적이 없다)의
지고무상한 높은 경지입니다.

―――――

근데 한 가지 의문이 듭니다.

제갈량은 심서心書에 최고의 경지를
불사(不師: 군사를 내지 않음)라고 써 놓았는데

왜 이번 편의 제목을
부진不陣(군진을 치지 않음)이라 했을까요?

여기서 노자의 도덕경 배천配天편을 살펴봅니다.
"뛰어난 용사는 별로 강해 보이지 않고
잘 싸우는 사람은 쉽게 성내지 않고
적을 잘 이기는 사람은 다투지 아니하고
사람을 잘 쓰는 사람은 남보다 아래에 처신한다.

남과 다투지 않는 이러함을 덕德이라 하고
이것이 사람의 마음을 얻고 사람을 쓰는 힘이라
예로부터 하늘에 견줄만한 지극함이라 한다."

책을 써서 글을 남긴다는 것은
누군가 후대에 책을 보고 공부하라는 거겠죠

배천配天(하늘과 짝을 이룸)의 경지가
불사不師(군사를 일으키지 않음)의 경지와 유사합니다.

아마도 제갈량이 생각하기에
불사不師는 거의 도道의 경지에 가까운지라
후대가 공부해서 현실적으로 다다를 수 있는
최고 수준이 부진不陣이라고 봤던 것 같습니다.

이번 부진 편에서는 배운 게 많습니다.

'아주 빠르게'라고 해서
Bloody Quick이라는 표현이 있습니다.
빨리 실패하고 빨리 배워 재도전하는 시대.

그러나 세상살이는
얻는 게 있으면 잃는 게 있다고 배웠습니다.

이런 선택조차 본인이 하지 못하면
아무리 빨리 실천하고 배워도 별 소용이 없을 듯 …

11. 사람을 함부로 업신여기면

장계將誡(장군에 대한 훈계)편을 통해
리더십과 공부에 대해 이야기를 해 봅니다.

삼국지의 병법 마스터 제갈량이 쓴 심서心書
장계將誡편의 주된 내용은
군사를 부리고 쓰는 요체를 다루고 있으며
이런 건 하지 말고, 저런 건 꼭 하라는 내용입니다.

다 좋은 말이고 장수에게 필요한 내용이지만
어찌 보면 전투와 전쟁의 상식일 수도 있습니다.

다만 사람들이 생각하는 상식의 수준은
제각각 다르다는 게 언제나 문제이긴 합니다.

그래서 세부 내용은 다루지 않고
마음에 와닿는 문장만 살펴봅니다.

군자를 업신여기면 그 마음을 다하게 할 수 없고
소인을 업신여기면 그 힘을 다하게 할 수 없다.

오호라~ 이것이야말로
사람의 마음(心)을 얻고 능력(力)을 부리는
용인술과 용병술에서 경계해야 할 부분입니다.

군자君子를 어떻게 대하면
업신여김을 당했다고 생각하게 될까요?

군자는 바른 마음(진심 충忠)을 지니고 있으니
이를 신뢰하지(믿을 신信) 못하면
이는 군자를 업신여기는 것이 됩니다.

군자를 능력에 따라 격格과 예禮에 맞춰
대우하지 않는 것도 업신여기는 것입니다.

군자뿐 아니라 누구라도
자신을 업신여기는 사람에게
마음을 다해서 일하지 않는 건 당연합니다.

소인小人은 어떤 경우에
자신이 업신여김을 당했다고 생각할까요?

소인은 이권과 권력에 민감하고 셈이 빠릅니다.

어르고 뺨치거나 힘으로 들이대면서
작은 이권과 힘이라도 빼앗긴다고 생각하면
이는 곧 자신이 업신여김을 당했다고 여기고
언젠가 돈, 권력의 상황이 역전되면
받은 대로 되갚으려 앙심을 품게 됩니다.

현실에서 군자라고 무조건 좋은 게 아니고
소인이라고 무조건 나쁜 게 아닙니다.

리더는 소인인데 팀원은 군자인 이들의 마음을
쉽게 얻으려다가 팀이 망가지고,
리더는 군자인데 팀원은 소인인 이들에게 힘을
함부로 실어주다가 뒤통수 맞습니다.

누군가의 마음과 힘을 다하게 하고 싶다면
그 사람이 생각하는 기준에서의
'업신여김을 당했다'라는 건
되도록 안 하는 게 좋을 듯하네요.

중국의 대표적인 병법서는 무경칠서武經七書로
손자, 오자, 사마법, 울요자, 이위공문대, 삼략, 육도를
말하며 최고의 병법서라 칭합니다.

제갈공명은 삼국지연의를 통해
능력이 과장되었다고 하며, 병법서 심서心書조차
그가 지은 게 아니며 위작이라는 논란도 있습니다.

맞다 틀렸다 네 거 내 거, 따지면 또 뭐할까요.
정권 지르기와 앞차기가 배워서 위력이 있으면 됐지,
그게 중국, 일본, 한국 어디 거면 또 어떻습니까.

공부든 무술이든 병법이든
배우고 익혀 바르게 잘 사용할 수 있으면
그걸로 후학의 도리는 다한 것이라 생각합니다.

심서가 최고의 병법서는 아닐지라도
분명히 배우는 게 있습니다.

그것이면 족하다고 봅니다.

12. 리더의 복심

심서心書 복심腹心(배와 심장)편입니다.

복심腹心이란 심복心腹(속 마음을 나눌 믿을만한 참모)입니다.

제갈공명은 리더 노릇을 잘하려면
리더를 잘 보좌해 줄 세 부류의 참모진을
구성해야 한다고 말하고 있습니다.

―――――

첫째, 복심腹心(심복과 같은 말)입니다.
즉 배와 심장처럼 속내를 터놓는 심복입니다.

귀를 열어 세상의 소리를 널리 듣고
난제를 풀어갈 지혜가 많은 이를 가까이 두어
복심으로 삼아야 한다고 합니다.

리더에게 이런 복심腹心의 참모가 없다면
밤길에 어디로 손발을 놀려야 할지 알지 못해
헛손질만 하니 끝이 좋을 수가 없습니다.

———————

둘째, 이목耳目(귀와 눈)입니다.

즉 리더의 귀와 눈이 되어 줄 참모입니다.

잡소리에 흔들리지 않는 귀와
사리 분별에 밝은 눈을 가진 섬세한 이를 두어
참모로 삼아야 한다고 합니다.

리더에게 이런 이목耳目의 참모가 없다면
한 치 앞도 보이지 않는 어둡고 막막한 곳에서
한 발짝도 움직이지 못한다고 합니다.

———————

셋째, 조아爪牙(손톱과 어금니)입니다.

용감하고 날래며
싸워야 할 순간에 승리할 역량을 가진 이를 두어
참모로 삼아야 한다고 합니다.

리더에겐 이런 조아爪牙의 참모가 없다면
배고픈 사람이 독을 먹고 죽는 것과 같다고 합니다.
리더에겐 때로는 그럴 때가 있습니다.

싸워야 할 때, 형벌을 줘야 할 때, 힘을 써야 할 때
그러한 때 꼭 필요한 참모들이 있어야 합니다.

어디 가서 이런 참모진을 구할 수 있을까요?
대우 좋고 연봉 많이 준다고 구할 수 있을까요?

리더의 그릇이 커서 사람들을 수용하고
사람들의 열정을 끌 만한 비전을 실행하며
한 번 말한 것을 지키는 신의를 보인다면
심복은 저절로 생기고 따라오게 됩니다.

이런 인재는 **구求(얻을 구)**한다고 구해지는 게 아니라서
인재를 **득得(얻을 득)**한다고 표현합니다.

13. 조직에서 어진 이를 헐뜯는 무리를 쫓아내라

제갈량의 심서心書 중에
축악逐惡(악을 쫓아내다)편에서
부강한 나라와 군대를 위해서
쫓아내고 경계해야 한다고 말한
다섯 가지 악惡을 풀어서
설명해 보겠습니다.

현대적으로 해석하면
조직의 창의성과 혁신을 방해하고
건강하고 역동적인 조직 문화를
헤치고 방해하는
'조직의 5대 악'이라고 할 수 있습니다.

―――――-
첫 번째는
결당상련結黨相連
무리를 짓고 서로 연합하여

훼참현량毁讒賢良
현명하고 선량한 이들을
비난하고 헐뜯는 것을 말합니다.

(소인배들의 뒷담화, 그 끝은 어디인가?)

태고 이래로,
신체적으로 나약했던 인간들은
무리를 지어 생활하는 군집 생활을 통해
강력한 힘을 발휘하게 됩니다.

경영학계에서 인류 최고의 발명은
불, 전기, 종이, 활자 등이 아니라
'조직'이라고 말할 정도이니
사람들이 모여서 무리를 짓는 건
보통의 인간들이 행하는
인지상정人之常情이라 할 것입니다.

그러니 삼삼오오三三五五 모여서
무리를 짓는 것 자체를 막을 수는 없습니다.

서로 모여서 연합해 무리를 짓는 것을
'패거리'로 칭한다면
이런 패거리도 하나의 생명체로서
에고Ego를 지니게 됩니다.

(이놈의 언터처블^{Untouchable} 패거리들이 문제.)

이러한 에고^{Ego}는
조직 내에서 당연히 생기는 이해득실,
끊임없이 발생하는 시시비비 등
개별적이면서도 전체적인,
이기적이면서도 조직적인,
모든 것들의 총체이자 총합입니다.

그 에고^{Ego}는 자신보다 우월한 것,
자신이 가지지 못한 것,
남이 더 많이 가진 것을
인정하지 못합니다.

그래서 현명하고 어질고 선량한 사람을
공격해서 수렁으로 끌어내리는 겁니다.

역사 이래로 생긴 모든 조직체에는
이런 문제점이 내재되어 있다는 것이니
근본적인 대안과 경계가 필요합니다.

제갈량도 이를 가장 먼저 경계하고
반드시 쫓아내야 할 근본적인 5대 악 중에서도
첫 번째로 꼽았으니,
군대를 포함한 모든 조직의 수장은
명심해야 할 것이지만
막상 어떻게 대처해야 하는 것일까요?

무리 지어 연합하는 것
자체를 막을 수는 없으니,
조직의 장長은 조직 내에서
현명하고 성실한 인재들이 누구인지를
가려낼 수 있는 눈과
이들을 지킬 수 있는 힘을 갖추어야 할 것입니다.

(힘없는 자에게도 똑같이 실현되는 것, 정의.)

무엇보다 전략과 방향 설정 그리고
행동의 실천에 있어
공사公私를 명확히 구분해
여러 무리가 사사로운 목적에 따라
잘못된 원칙과 기준의 잣대로
어질고 착한 인재들을 헤치거나
진실을 오도誤導하지 못하도록 해야 합니다.

14. 완장을 찬 깡패와 똥파리를 내쫓아라

심서心書 중에
심서 축악逐惡(악을 쫓아내다)편에서
부강한 나라와 군대를 위해서
쫓아내고 경계해야 한다고 말한
오대악五大惡 중 두 번째에 관해서
이야기해 보겠습니다.

두 번째 악惡은

치기의복侈其衣服
의복을 사치스럽게 하고

이기관대異其冠帶
관복을 특이하게 꾸미는 것을 말합니다.

사치奢侈한다는 것은
정당한 소득과 정상적 소비 관계를 벗어나
악순환의 고리가 될 가능성이 큽니다.

피어난 꽃의 꿀향기에
벌과 나비가 모여드는 게 아니라
똥에 파리가 꼬이듯
비리의 온상이 되는 것이죠.

(똥파리는 똥이 있어야 꼬입니다.)

관복을 특이하게 한다는 것은
자신만의 권력을 내세운다는 뜻입니다.

(신사의 품격 vs. 권력의 사치)

군대에서는 계급이 깡패고
사회에서는 직급이 깡패라고들 합니다.

조그마한 자리와 권력을 얻고서
자신만의 특별함과 특이함을
내세운다는 것은

권력, 자리, 경제력 등과 같은
자신의 힘을 과시함이고,
자신은 법 위에서
군림한다는 행패 부림입니다.

이런 경우를
소위 '완장 차고 깽판 친다'고 하겠습니다.

어느 조직이든 개인에게
권력이 주어졌을 때
이를 과신해 힘을 함부로 휘두르면
남도 해치지만
스스로를 망치게 됩니다.

힘은 양날의 칼이기에
누구에게나 똑같이 적용되는
공평함^{Fairness}과 엄중함^{Strictness}이
반드시 전제되어야 합니다.

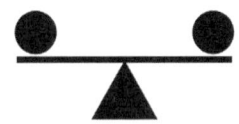

(중심이 흔들리면 모든 것이 흔들리는 법.)

그래서 군대에서 **병권兵權(병사 병)**을 아무한테나 주면,
나라가 망하는 것이며,

사회생활의 술자리에서도
술병에 대한 **병권瓶權(항아리 병)**을 아무한테나 주면,
폭탄주에 초토화되는 법입니다.

(이렇게 될 줄 몰랐단 말인가? 정녕?)

15. 나를 따르라

제갈공명이 지은 병법서이자
현자들의 3대 비서秘書라는 심서心書 중
축악逐惡(악을 쫓아내다)편에서
나라와 군대, 조직을 좀먹는
오대악五大惡중 세 번째 악惡을
제갈공명은 다음과 같이 설명합니다.

세 번째 악惡은

허과요술虛誇妖術
허황되게 요술을 자랑하며

궤언신도詭言神道
신神과 도道에 대해
궤변을 늘어놓는 것입니다.

허과요술虛誇妖術에서
요술妖術이란 무슨 뜻일까요?

(판타지는 판타지일 뿐)

글자 그대로는 '요망한 술수'이지만
역시 주석과 해설이 없는 책답게
해석이 또한 어렵습니다.

그래서 반대말과 함께 설명해 봅니다.
요술의 반대말은 묘법妙法이라 생각합니다.

비유해 본다면
요술妖術은 똥이 썩어
파리가 꼬이는 것이라면,

(내 주변에 똥파리들이 꼬인다면?
내가 똥이거나 혹은 똥파리거나.)

묘법妙法은 꽃이 향기를 피워
나비와 벌이 날아드는 것입니다.

(때론 꿀만 빨아 먹고 튀는 먹튀 조심!)

요술妖術이란 겉으로는 그럴듯해 보이며
대단한 비법인 양 포장하지만
실제로는 화려한 거짓일 뿐이요,

묘법妙法이란 굳이 포장하지 않아도
흐르는 물처럼 자연스러운
담백한 진실입니다.

요술은 본질적으로 거짓이기 때문에
과장되게 꾸미고 화려하게 포장한
허황된 것일 뿐입니다.

그렇다면 왜 이렇게 포장할까요?

그들은 염불에는 관심이 없고
잿밥에만 관심이 있기 때문입니다.

본말本末이 전도顚倒되고
주객主客이 바뀐 것이니,

요술을 말하는 자들의 진짜 속셈은
따로 있다는 말입니다.

그래서
세 번째 악惡의 큰 특징은
겉과 속이 다르다는 점입니다.

또한, 제갈공명은
궤언신도詭言神道를 언급합니다.

GPT Content by Author Prompt

신神과 도道는 인간에게 있어
불가해不可解라 이해할 수 없고,
불가측不可測이라 측량할 수 없으며,
불가명不可明이니 눈앞에 드러낼 수 없으며,
불가증不可證이라 증명할 수가 없습니다.

이러한 신神과 도道는 본래
인간과 따로 분리해 이야기할 수 없는
불가분不可分의 관계에 있는데

굳이 그런 신도神道와 인간 사이에서
'중간 마진'을 챙기면서
신神과 도道를 왈가왈부하는
이들은 대체 왜 그러는 것일까요?

그건 대부분 스스로도
신과 도를 잘 모르기 때문입니다.

잘 모르기 때문에 불안하게 되고,
불안하니까 서로 모여 무리를 짓게 되고
막상 무리를 지으니 더 불안해져서
이제는 자신의 이름과 자리를 공고히 하고
세상과 조직에서 권력을 행사하기 위해
주위 무리에 이권을 나누어 주면서
궤변을 일삼게 되는 것입니다.

세상을 어지럽히고 백성을 속이는 혹세무민惑世誣民의
교묘한 합리화 과정은 이렇게 이루어집니다.

진정으로 신神을 믿는 이나
도道를 깨달은 이들은
굳이 남에게 '믿어라, 깨달아라!'

이런 말을 하지 않습니다.
그럴 필요가 없기 때문이지요.
그들은 그저 스스로 꽃을 피워
바람에 묘한 향香을 날릴 뿐입니다.

(꽃을 피워 향기를 내는 진짜 리더 vs.
'나만 믿으라'는 거짓 리더.)

만약 제갈공명이
난세亂世의 바른 정치를 위해서라면
나라를 어지럽히고 백성을 꾀는
요술과 궤변에 대해서
경계하는 것이 당연하겠지만

군대나 병법서에서
굳이 요술과 궤변이라니…
왠지 안 어울리는 듯합니다만

바꾸어 생각해 보면
어느 조직에서나 이를 경계할 정도로
중요하다는 뜻일 겁니다.

인간사 대부분의 문제는
진실된 자아와 세상에 대한 무지無知,
이에 따른 두려움에서 비롯되어
그것이 이해관계로 촉발되어
파벌과 정치적인 목적에 의해
싸움이나 전쟁으로 이어집니다.

인간은 합리적이고 이성적인 것 같지만
불완전성과 불합리성이
때로는 선순환善循環하고
혹은 역순환逆循環하는
항구적 변화를 겪는 세상사에서
평범한 사고의 틀을 벗어난 부분은
올바르게 판단하기 어렵습니다.

그러한 약점을 파고드는 인간은
어느 시대를 막론하고 존재하니,
허황된 것을 그럴듯하게 포장해서
사람의 관심을 끈 다음
거기에서 발생하는 권력과 이권을
누리려고 합니다.

그래서 5대 악이 생기는가 봅니다.

16. 사사로운 악의 무리

심서心書 축악逐惡(악을 쫓아냄)편에서
제갈공명이 말하고 있는
나라와 군대, 조직을 좀먹는
네 번째 악惡은
전찰시비專察是非
오직 '내가 옳네, 네가 옳네' 싸우면서

(어디서 많이 보던 광경이죠?)

사이동중私以動衆
사사로이 무리 지어 행동하는 것입니다.

(누구를 위한 주장입니까?)

경영학에서 '기업'이나 '조직'을
인류 역사상 가장 뛰어난 발명이라고까지
평가하기도 합니다만,
사실 인류는 군집 생활을 시작하면서부터
정치, 제사, 군사, 경제에 대한 이권과 같은
주도권 다툼을 위한 무리 혹은 패거리Herd 문화가
지배적 사회구조를 형성하고 있습니다.

여러 무리가 모인 곳에서
공동의 목표와 목적을 위하지 않고
자기 자신이나 소속되어 있는
패거리의 이해관계만을 따지기 때문에
시시비비를 일삼을 수밖에 없게 되는 것이죠.

표면적으로는 누가, 무엇이 옳은지가
논쟁의 초점인 것처럼 보이지만
실상 문제는 이권을 확보하려는 아귀다툼일 뿐입니다.

어떤 형태의 조직이든 간에
조직은 태생적으로 부패할 소지가 있으며,
이런 부류의 부패한 인간은
각 개인의 의식 수준이 낮으므로
그들이 기생하고 있는 공동체에 기대어
자신의 이득과 안전을 보장받기를 원합니다.

그들의 목적은
무엇이 옳은지 그른지를 밝히는 게 아니며,
공공公共의 이해와
공동의 목표를 위한 것도 아닙니다.

그저 자신과 소속된 무리의 이해관계뿐입니다.

(우리나라에는 이런 건드릴 수 없는 조직들이
왜 이렇게 많나 모르겠습니다. XX회, OO회.
우린 그들의 깃털만 겨우 구경하곤 하죠.)

사이동중私以動衆
자신들만의 이득을 위해서
무리를 사사로이 움직이는 이들이
바로 악惡이라는 증거라고
제갈공명은 말하고 있네요.

사이동중私以動衆하는 이들과는
굳이 시시비비是是非非를
논할 필요가 없으니,
조직과 군대에서 멀리 쫓아내라는 게
제갈공명이 던지는 일침입니다.

17. 배신, 배반, 변절 그리고 적과 동침

3대 비서秘書로 꼽히는 제갈공명의 심서心書
그 내용 중 축악逐惡(악을 쫓아냄)편에서
제갈공명이 말한
나라와 군대, 조직을 좀먹는
다섯 번째 악惡은

사후득실伺候得失
오로지 이해득실만을 살피며

음결적인陰結敵人
몰래 적敵과 내통하는 것입니다.

(친구여! 붓은 힘으로 꺾일 수 있지만
뜻을 꺾으면 그것은 변절이네.)

이권 다툼에 눈이 어두워
시시비비是是非非만을 일삼는

패거리들이 이해득실을 살피는 것이야
어찌 생각하면 당연합니다만

공동의 목적에 어긋나는
배신, 배반의
이적利敵(적을 이롭게 함)행위라니
설마... 그렇게까지야 하겠냐 싶지만

(생존을 위한 변절이라던 구차한 변명은
결국 거짓을 덮기 위한 탐욕으로 변질된다.)

음결적인陰結敵人이라
몰래 적敵과 내통하는 이들은
수많은 핑계를 대겠지만,

결국 이해득실...

자신들에게만 이롭다고 생각한 것을 행함이니
적敵과의 동침뿐만 아니라
적敵과의 내통 또한 그리 이상한 게 아닙니다.

제갈공명은
앞에서 언급한 다섯 가지 악惡이
간사하고 거짓되어 덕을 어지럽히고
조직, 군대, 나라를 망치므로
멀리하라고 말하고 있군요.

제갈량은 장수의 병권兵權으로
이런 5대 악을 멀리 내치라고 하는데,
실상 그 병권을 잠시 빌려줬더니
회수가 어려워 병권을 행사하기 어렵다면
그의 말을 실천하기란 참으로 난감합니다.

그래서 병권兵權이란
함부로 받아서도 안 되고
아무에게나 빌려줘도 안 되며
막 줘서도 안 되는가 봅니다.

18. 준비된 리더

베트남전 영화 'We were soldiers'에서
주인공 무어 중령(멜 깁슨)의 대사

"내가 가장 먼저 적진을 밟을 것이고
가장 마지막에 떠날 것이다.
살았든 죽었든 간에
내 뒤에는 아무도 남겨놓지 않겠다.

I will be the first to set foot on the field.
And I will be the last to step off.
I will leave no one behind, dead or alive."

동서고금을 막론하고 진정한 리더의 모습은
시대와 무관하게 뭔가 닮은 듯합니다.

제갈공명은 병법서 심서心書
애사哀死(슬퍼할 애, 죽을 사)편에서

뛰어난 장수가 가는 곳마다 승리하려면
군사들을 마치 자식처럼 기르라고 하면서
솔선수범과 자기희생을 행동으로 보여주는
이런저런 옳은 말을 들려줍니다.

알면서도 막상 실천하지 못하는 이런 글들은
경각심을 심어주는 차원에서

반대로 표현하는 건 어떨까 싶네요.
'리더의 자리에 있는 이가
어려움이 생기면 뒤편에 가만히 서 있고
공功이 있으면 앞다퉈 맨 앞에 나서며
떠나거나 죽은 자는 곧 잊어버리고
다친 자에겐 부주의를 탓하며
배고픈 자의 밥그릇을 깨트리고
추운 자의 옷을 빼앗아 입으며
지혜로운 이를 등쳐먹고
용감한 자는 나댄다고 욕하면
가는 곳마다 반드시 연전연패할 것이다.'

어떠신가요?
의미가 좀 더 강하게 다가오나요?

쓸만한 인재가 없고
키울 사람이 없다고 탓하지 마십시오.

준비된 인재를 득템하려 욕심내지 말고
먼저 준비된 리더가 되어보세요.

준비된 리더가 인재를 키우는 법!

리더가 스스로 준비가 되면
유능한 인재들이 모여들어
리더를 보고 따라 하며 배웁니다.

자식이 '부모의 등'을 보고 자라듯이 말입니다.

요즘 사회에선 나이가 다 차서
정년퇴임하는 사람을 보기가 어렵습니다.

떠나는 사람에게 잘해줘 봐야
뭔 소용인가 싶겠지만
남아 있는 사람들이 지켜보고 있습니다.

동고동락한 사람들에겐
최소한의 예禮를 갖춥시다.

그게 사람 노릇은 못 해도
인간 구실은 하는 겁니다.

19. 리더의 자리가 부르는 폐단

리더의 자리에 오른 이들이
무슨 잘못을 저지르고
어떤 실수를 하기에
실패한 리더로 전락하게 될까요?

높은 자리에 올라서면
사람이 달라지는 걸까요?

제갈공명의 병법서 심서心書 장폐將弊편에서,

'장수들이 흔히 저지를 수 있는 여덟 가지의 폐단'을
통해 알아봅니다.

사람이 만드는 제도가 완벽할 순 없지만
대부분의 진짜 문제는 제도 자체보다는
이를 운영하는 사람에게서 발생합니다.

폐단弊端이라 함은
바로 이러한 제도적 구조하에서
발생할 수밖에 없는
근원적 부조리 현상을 말합니다.

세상살이는 아이러니하게도
얻는 게 있으면 반드시 잃는 게 있습니다.
그렇지 않다고 생각한다면

대부분 무엇을 잃어버렸는지
아직 깨닫지 못해서인 경우가 많습니다.

리더의 자리에 오름으로 생기는
이런 폐단을 스스로 경계하지 않는다면
그 대가는 혼자만 치르는 게 아니라
조직 전체가 치르게 되는 것이죠.

다만 그 발생 시점과 파급효과,
강도強度의 차이일 뿐입니다.

리더가 스스로 경계해야 할
여덟 가지 폐단은 다음과 같습니다

───────

첫째, 탐이무염貪而無厭.

끝없는 탐욕貪慾.

사람은 소유하지 못한 것을 탐하고
이미 가진 것을 더 가지려고 욕망하니
권력, 재물, 명예, 지위, 대박과 같은
그림자를 좇다가 허망하게 인생을 마감합니다.

저 넓고 큰 우주도 끝이 있는데
좁디좁은 마음속 욕망은 끝이 없다고 합니다.
만족을 모르는 자는 항상 헝그리hungry한 법.

마음이 가난한 자여!
그대는 크고 멋진 성에 살면서도
구걸로 삶을 연명하고 있구려!

———

둘째, 투현질능 妬賢嫉能.

어질고 현명한 이를 질시하고
능력 있는 자를 미워한다.

스스로 노력해서 올라가려 하지 않고
남들을 깎아내려 밟고 올라가려는
소인배들이 조직에서 판을 치고 있다면
가장 큰 잘못은 리더에게 있는 것입니다.
('잘못된 병사는 없다. 잘못된 장수만 있을 뿐')

———

셋째, 신참호녕 信讒好佞.
간신배의 아첨하는 말을 믿고 좋아한다.

몸에 좋은 약은 입에 쓴 법이기에
충신의 쓴소리는 듣기 싫은 게지요.

칭찬은 고래도 춤추게 하지만
간신배의 아첨은 나라를 망하게 합니다.

원래 진정한 간신은 꼭 충신처럼 보인다죠.

그래서 간신의 아첨은 온 나라를
'미친 X 널 뛰듯' 만들 수도 있습니다.

(미친개와 미친 X은 피하는 게 좋다.)

―――――

넷째, 요피불자료料彼不自料.
상대방은 헤아리면서 자신은 헤아리지 못한다.

조직에서 스스로를 향한 진단 없이 무턱대고
남부터 벤치마킹하는 거 제발 좀 하지 마세요.

지피지기知彼知己는 지기知己를 먼저 하거나
지피知彼와 지기知己를 함께 해야 합니다.

자라면서 한 번쯤 엄마가 비교하던 옆집 사는
엄친아, 엄친딸 다들 싫어하셨죠?

근데 왜 똑같은 악순환을
가정과 직장에서 되풀이하시나요?

영화배우 이영애 님이 '친절한 금자씨'라는
영화에서 '아주 친절하게~' 명대사를 던지셨죠.

"너나 잘하세요."
(None of your business)

"상대방을 헤아리기 전에 자신부터 헤아려라."

지금 당장은 새겨듣더라도
금방 또다시 흘려버리기 쉬운 말입니다.

이런 부류의 말은 알면서도
실천하기는 무척 힘이 들죠.
속담에 나오는 말 중에 어려운 말이 있던가요?

쉬운 말이지만 실천하기 어려운 것!
그건 대부분 진짜배기입니다.

'쉽고, 편하게, 간단하게,
가만히 있어도 저절로, …등등'
이런 식의 미사여구로 강조하는 것은
지나고 보면 대부분 사기입니다.
다들 한두 번쯤은 겪어보셨죠? ㅎ.ㅎ

저는 여기에 한 마디 더 붙여 봅니다

"제발 너부터 하시고, 그냥 너나 잘 '쫌' 하세요."
After you please, it is none of your business

20. 리더가 경계해야 할 폐단

리더의 자리에 있음으로써 구조적으로
발생할 수밖에 없는 이러한 폐단을
스스로 경계하지 못하면
'득보다 실이 많음'은 분명한 것입니다.

제갈공명의 병법서
심서心書 장폐將弊 편에서 말하는

'장수들이 흔히 저지를 수 있는
여덟 가지의 폐단' 중 나머지
네 가지를 짚어 볼까요?

리더가 스스로 경계해야 할
나머지 폐단은 다음과 같습니다.

———

다섯 번째, 유예불자결猶豫不自決.
이러지도 저러지도 못하는 무능한 리더.

머리 나쁜 리더 밑이 피박이라면
결정장애가 있는 리더 밑은
흔들고 쓰리고에 피박, 광박, 따따따따블

여섯 번째, 황음어주색荒淫於酒色.
주색잡기酒色雜技에 빠져 세월 가는 줄 모르고
음주·가무飮酒·歌舞에만 흥겨운 리더가
음란해지고 방탕해지는 건 당연합니다.

일곱 번째, 간사이자겁奸詐而自怯.
간사해서 스스로 겁낸다.

제풀에 놀라서 겁을 내는 이들이 결국
배신, 배반을 하고 결국엔 변절하지요.

간사한 이들은 두려움이 많기 때문입니다.

여덟 번째, 교지이불이례狡之而不以禮.
교활해서 예禮로서 대하지 않는다.

격식을 차렸다고 예禮가 아닙니다.
'예禮로서 대하지 않는 격식'을
저는 '~척한다'고 풀어 봅니다.

그런 척, 안 그런 척, 아는 척,
모르는 척, 못 이기는 척 …

이런 분들이 노리는 '척, 척, 척 …'
저는 이들을 '척노리스' 라고 불러 봅니다.

척을 노리는 이들…아재개그 ㅠ.ㅠ

"Chuck 형! I am so sorry about that."

(척 노리스 : 이소룡과 동시대를 풍미한 미국 영화배우)

21. 절정의 용병술 vs. 가스라이팅

제갈공명은 병법서 심서 화인和人편에서
용병지도用兵之道 재어인화在於人和
병사를 올바르게 쓰는 비법은
서로를 화합시키는 데 있다고 말합니다.

뻔한 얘기나 상식처럼 들리겠지만
인류 역사 이래로 대부분의 문제는
상식을 몰라서가 아니라 서로가 생각하는
상식의 기준과 의미가 달라서 발생했는데요.

언어는 시대와 지역에 따라 의미가 달라지며,
공명이 살던 위·촉·오 삼국시대의 화합和合이란
나라, 지역, 조직, 제도, 문화, 사상, 신분 등의
불균형, 부조리, 어긋남을 봉합하는 화和입니다.

옛날엔 농민 따로 군사 따로 있었던 게 아니라
평소에 농사짓고 살던 일반 농민들이
유사시에 군사兵가 되는 시스템이기 때문에
당근과 채찍으로 어르고 달래야 했으니까요.

현대에 들어와서는 화합和合이란
자유와 책임, 권한과 의무가 공존하는
시스템 속에서 서로의 다름을 인정하고
함께 나아가는 조화Harmony를 뜻합니다.

제갈공명, 지혜의 리더십 · 113

조직의 화합을 꿈꾸는 리더라면,
인간의 행동Behavior을 변화시키는 3요소,
동기Motive, 능력Ability, 계기Trigger와
'Behavior = MAT'의 행동과학 공식을 빌려

조직을 돌아가게 할 계기, 흐름(피, 돈)
조직을 움직이게 할 동기(꿈, 목표)
팀원 스스로 행동할 수 있는 역량(지식, 경험)
세 가지의 삼위일체를 조화롭게 하면 됩니다.

반대로 생존과 탐욕에 물든 리더들은
자신들의 세력을 유지하려고 편 가르기와
분열의 가스라이팅 수법을 시전합니다.

이 뻔한 수법에 알면서도 계속 당하는 건
그들의 수법이 노련해서가 아니라
당하는 사람도 욕심에 눈이 멀어서입니다.

조직의 움직이는 장수의 리더십과
군사를 부리는 용병술에 정답은 없습니다.

누굴 탓해본들 아무 소용이 없습니다.
사실은 아무도 잘못한 사람은 없습니다.

그저 조금 더 먼 길을 돌아가는 것이고
아직은 성숙하지 못해서 그런 것이며
뿌린 대로 거두는 이치일 뿐이니까요.

주고받는 이해관계 Give & Take
눈 가리며 아웅 하는 조삼모사 朝三暮四
능력을 가져다 쓰는 용병술과
내 입맛대로 요리하는 가스라이팅은
어쩌면 종이 한 장 차이일지도 모르지만,

리더십에선 그 작은 차이가
조직을 좌지우지합니다.

역사도 그렇고, 현실도 그렇고
아는 것과 실천의 차이가 크네요.

22. 리더십과 전우애

살아도 같이 살고, 죽어도 같이 죽는다.

GPT Content by Author Prompt

조직의 리더로서 가장 중요한 능력은
조직을 장악해 힘이 발휘되게 하는 것이고,
조직의 리더로서 가장 중요한 역할은
구성원들을 잘 관리하는 것입니다.

장수, 장군, 리더가 되는 길에 대한
옛사람 제갈공명과 요즘 사람 제 생각이
다르지 않아 원문을 그대로 옮깁니다.

시간에 따라 진리가 달라질 수 없으니까요.

장수가 되는 길은
부위장지도 夫爲將之道.

군사가 마실 물을 아직 길어오지 않았는데
장수가 먼저 목마르다고 말하지 않으며,
군정미급 軍井未汲 장불언갈 將不言渴

군사들이 아직 밥을 짓지도 않았는데
장수가 먼저 배고프다 말하지 않으며,
군식미숙 軍食未熟 장불언기 將不言飢

군사가 불을 지피지 않았는데
장수가 먼저 춥다고 말하지 않는다.
군화미연 軍火未燃 장불언한 將不言寒

군사들이 막사를 치기 전에
장수가 피곤하다 말하지 않고
군막미시 軍幕未施 장불언곤 將不言困

여름에 덥다고 부채를 잡지 않으며
겨울에 춥다고 웃옷을 껴입지 않는다.
하부조선 夏不操扇 동불복구 冬不服裘

제갈공명, 지혜의 리더십 • 117

비가 와도 우산을 펴지 않아
무리와 함께하는 것이다.
우불장개雨不將蓋 여중동야與衆同也
~라고 말하고 있습니다.

———

사실 알고 보면 간단한 얘기인데
막상 실천하려고 보면 어렵다는 건 역시
진리, 진실, 진짜와 가깝다는 뜻이겠죠.

전쟁터, 회사, 가정, 친구, 연애, 공부...

사실 인생에 뭐 하나 쉬운 게 없습니다.
그래서 나의 등을 믿고 맡길 만한 동료나
나의 미래를 믿고 맡길 만한 리더에 대한
갈증과 갈망이 더 커지는지도 모릅니다.

사랑하는 사람을 만나면
옷고름을 풀어 인생을 맡기지만
자기를 알아주는 리더를 만나면
미래와 목숨까지 맡기는 게 됩니다.

실크로드를 개척했던 고선지 장군이
동상 걸린 병사의 발 고름을
입으로 빨아줬다는 얘기를 전해 들은
병사의 노모가 펑펑 울었다고 합니다.

사람들이 왜 목 놓아 우냐고 물으니,
노모가 말하길 이제 우리 아들은
장군을 위해 목숨을 아끼지 않고
싸울 게 뻔하니 곧 죽을 것이다.
그래서 울었다고 답했습니다.

―――――

애니메이션 '문호 스트레이독스'에서도
포트 마피아 보스가 이런 명대사를 던집니다.

"보스는 말이야, 조직의 우두머리임과
동시에 조직의 노예야.
조직을 위해서라면 어떤 오물에도
몸을 담그지 않으면 안 되지."

이런 스토리는 무엇을 말하고 있나요?
동고동락? 이미 반은 먹고 들어갑니다.

거기다 생사고락까지 같이한다?
그럼, 거의 끝판왕입니다.

리더 본인이 팀을 대신해서 희생한다?
더 볼 것도 없이 게임 끝 game over입니다.

GPT Content by Author Prompt

리더란 보기엔 좋아 보일지 몰라도
누구나 하고 싶고 되고 싶은
그런 이상향의 지위는 아닙니다.

남보다 고생하고 희생하는 자리입니다.

그런 리더의 지위를 차지하려고 싸운다?
글쎄요, 왠지 이상해 보입니다.
다들 그렇게 희생정신과 사명감이 충만한가요?
혹시 뭔가 크게 착각한 건 아닌지...
다른 의도가 있는 건 아닌지...

팀원이 원하는 리더상은
사실 그리 대단한 게 아닙니다.

젖과 꿀이 흐르는 땅으로 인도할 지도자?
엄청난 돈과 성공을 안겨다 줄 혁신가?
동고동락을 넘어 생사고락까지 함께할 리더?

아니요, 현실은 전혀 그렇지 않습니다.
그저 내 입장을 조금 이해해주고
큰 사고 치거나 닭짓하지 않으며
혼자 먹튀하지 않는다면
리더로서 충분하다고 생각합니다.

자, 이제 보십시오.
'리더 되기'가 얼마나 쉽습니까?

몇 마디 들어주고 사고 안 치고
혼자 '먹튀'만 안 하면 되는 겁니다!

근데, 현실을 보십시오.

이런 리더조차 찾기가 쉽지 않습니다 ㅠ.ㅠ

이상, 제갈공명 심서 장정將情편이었습니다.

원문 그대로 올리되 약간 의역을 했습니다.

23. 제갈공명이 GPT로 부활한다면

전쟁터뿐 아니라 주식, 연애, 경쟁, 직장에서
상대의 의도와 상황, 의미 등을 알 수 있다면
질 수 없는 게임을 시작하는 것과 같습니다.

손바닥 보듯이 상대방의 의도를 쉽고
정확히 알 수 있는 방법이 있을까요?

제갈공명 심서 찰정察情편에서는
군사를 일으키고도 조용히 기다리는 자
급하게 싸움을 걸면서 도발하는 자
뇌물로 꾀는 자들은 의도가 있으니 조심하며,

흙먼지가 낮고 넓게 퍼짐은 보병의 움직임이고
나무들이 흔들림은 전차가 나온다는 뜻이며,

상대 진영에 새가 모여드는 건 비어 있다는 의미
등등 여러 가지 단편적 신호와 현상들을 분석해
적의 의도와 상황을 잘 파악하라고 말합니다.

우리가 뭔가를 분석할 때면
정보, 데이터Data와
분석할 공식Algorithm과
분석 도구와 장비Tool가 필요하지만,
그중에서 알고리즘이 제일 중요한 이유는

고수의 경지에 이르면 실력과 경지는
피지컬, 자원, 도구보다 내공內功의 깊이
즉 알고리즘으로 판가름 나기 때문입니다.

인간은 문제를 분석하고 해결하기 위해
논리적 사고Logical Thinking를 해왔고
컴퓨터는 인간을 돕기 위해 인간을 흉내 낸
계산적 사고Computational Thinking를 발전시켜 왔으며
인간과 인공지능 둘 다 학습하고 추론하며
다양한 방법으로 분석하고 판단을 합니다.

인간이 사전에 훈련하고 전투에서 바로잡으며
평소의 연습 동작을 싸움에서 응용하는 것처럼
인공지능도 사전 학습Pretrained된 데이터를
실전에서 보정하는 파인튜닝Fine-tuning하고
프롬프트 엔지니어링을 통해 맥락을 잡아내는
맥락 학습In-Context Learning을 하고 있지만,

이성과 논리, 경험과 직관이 합쳐진 인간도
빅데이터와 확률, 알고리즘으로 무장한 인공지능도
여전히 판단을 잘못하거나 오류를 범하며
착각해서 할루시네이션(환각)을 일으키곤 하죠.

문제를 분석하고 대안을
시뮬레이션하는 건 인공지능이 가능하지만,
결정은 언제나 인간이 합니다.

왜냐하면 조직에서 문제를 분석하고
해결 방법, 솔루션, 전략, 알고리즘을 결정하는 게

바로 리더, 장수의 역할이기 때문입니다.

만약 제갈공명이 GPT로 부활한다면
찰정察情편을 이렇게 썼을지도 모릅니다.

GPT Content by Author Prompt

모든 국가나 조직은 서로 간의 이해관계가
필연적으로 충돌하게 되어 있고
어떤 말은 관계로 의미가 달라지고
어떤 말은 상황에 따라서 의미가 달라지니
언어나 현상이 맥락을 완전히 설명할 수 없어
커뮤니케이션 오류로 항상 문제가 발생한다.

조직에서 리더의 자리에 있는 이는
한두 가지 단편적인 것으로
전체를 판단하지 말고,
눈에 보이는 것만으로
보이지 않는 것을 함부로 판단하지 말며,
지금 맞다고 내린 결론이
다음에도 반드시 맞다고 확정 짓지 마라.

옳고 그름은 0과 1처럼 중첩되어 있으니,
무엇을 보고 듣고 판단한 다음
어디로 향해 나아갈지 정하는 것은
결국 전체를 책임진 리더의 몫이다.

제갈공명 GPT를 만들어보면
재미있을 듯합니다. ~.~

Art of Leadership

II. 지地

천지인의 삼위일체 중에서 '지地'는 '적합'을 목적으로
인위적이며 인공적인 모든 것을 의미하며
공간, 세력, 제도와 시스템, 관리, 기술 등
특정한 조건, 관리, 전략과 전술을 중심축으로 합니다.

24. 군사를 움직이는 법도 -1

심서心書 근후謹候(조심할 근, 살필 후)편은
내용이 많습니다.

주로 군사를 부리는 법도를 다루는데
현대식으로 해석하면 회사나 조직에서 리더가
조직을 움직이고 통솔하며 시장을 공략하고
경쟁사를 공략하는 방법에 관한 내용입니다.

군사를 일으키고 부리는
15가지 법도를 하나씩 다뤄 볼까요?

―――――

일왈려 간첩명야一曰慮 間諜明也.

첫 번째는 잘 헤아려 생각해야 함이니

간첩을 파견해 적의 실정을 명확히 파악하라.

심모원려深謀遠慮(깊을 심, 꾀할 모, 멀 원, 생각할 려)는
깊이 있게 고민하고 멀리 헤아려 생각하라는 뜻입니다.

적과의 전쟁이나 경쟁사와 경쟁하는 비즈니스에서
리더의 생각은 이렇게 수직Vertical으로 깊이
수평Horizontal으로 넓게 멀리 바라봐야 합니다.

간첩間諜(가까울 간, 염탐할 첩), 스파이Spy는
원래 적진 가까이 깊숙이 침투해 염탐하는 겁니다.

등하불명燈下不明(등잔 밑이 어둡다)이라고 하죠.
등잔 밑, 적의 턱 밑에 침투해서
적의 상황이나 실정을 명확히 지켜본다는 뜻.

적을 알고 나를 아는 것이
전쟁의 기본이며 가장 중요한 점이라는 게
다시 한번 드러나는군요.

―――――

이왈힐 수후근야二曰詰 䚢候謹也.

두 번째는 꼼꼼히 따져보는 것인데
적의 상황과 주변국의 동태, 움직임에 대해
척후병을 파견해 신중히 파악하라.

징후徵候(캐어묻다 징, 변화의 조짐 후)란
어떤 상황이나 기후의 변화를 알아챌 수 있게
겉으로 드러나는 낌새, 조짐, 징조를 뜻합니다.

시장 트렌드가 변하고 있다는 징후는 무엇인가.
적의 변화를 알아챌 조짐은 무엇인가.
상대와 상황에 따라 달라지는 그러한 징후가
어디서 어떻게 어떤 형태로 나타날지를
신중하고도 꼼꼼히 따져보지 않을 수 없습니다.

때론 시장 현장에서 뛰고 있는 영업사원들과
감感이나 촉觸이 유난히 뛰어난 리더들이

이러한 변화의 조짐을 알아채기도 하는데요.
이건 거의 본능적 감각처럼 보입니다.
마치 자연재해를 알고 미리 대피하는 동물들처럼…

하지만 대부분 우리처럼 평범한 사람들은
타고난 본능적 감각이 그리 뛰어나지 않으니,
징후를 늘 꼼꼼히 파악해야 하는 이유입니다.

삼왈용 적중불요야三曰勇 敵衆不橈也.

세 번째는 용감함인데
수많은 적에게 둘러싸여도 굽히지 않는 것.

용기, 용맹, 용감함이란
18:1로 싸워서 이기거나 지는 게 아니라
18:1로 둘러싸여서도 쫄거나 흥분하지 않고
평소 자기 실력을 발휘하는 마음 자세입니다.

불요불굴不撓不屈(흔들릴 요, 굽힐 굴)이란
어떤 상황이든 누구를 만나든 간에
흔들리지 않고 굽히지도 않는다는 뜻입니다.

그렇다고 무작정 잘난 척 뻗대라는 게 아니라
상대와 상황에 맞춰서 유연하게 처신하되
한 마디로 쫄지 말라는 얘기죠.

말로는 쉽지만, 실제론 쉽지가 않죠.
이걸 무작정 따라 하는 것도 바보 같은 짓입니다.

용기와 용감함이란
인생과 일, 삶의 목표와 뜻이
마음속 중심에 굳건히 자리 잡은 이들에게서
자연스레 풍기는 향기 같은 것이기 때문입니다.

겉으로 드러난 것만 멋모르고 따라 하다간
향기가 아니라 냄새만 잔뜩 퍼뜨릴 뿐입니다.

25. 군사를 움직이는 법도 -2

사왈려 견리사의야四日廉 見利思義也.

네 번째는 청렴함을 말하니
이익을 보면 의로움을 먼저 생각하라.

이로움이나 이득이 나쁜 게 아닙니다.
오히려 좋은 것이죠.

여기서 주의해야 한다고 말하는 것은
개인적인 사리사욕私利私慾을 챙기지 말고
공의公義(두루 의롭고 옳은 것)를
먼저 살피고 생각하라는 뜻입니다.

세상살이에 이해득실이 어찌 없을까요.

고여있는 물은 아무리 맑아도 곧 썩어버리고
정화된 순수한 물에는 고기가 살지 않습니다.

맑은 물은 길을 터 그저 흘려보낼 뿐.

안중근 의사께서 손바닥 낙관을 찍어 남기신
견리사의 견위수명見利思義 見危授命 글에서
견리사의가 바로 사리사욕 없이
청렴하게 나라를 위하는 근본 마음입니다.

저절로 머리가 숙어지게 됩니다

———

오왈평 상벌균야五曰平 賞罰均也.

다섯 번째는 공평함을 말하니
상과 벌을 줌에 고르게 하라는 뜻입니다.

상과 벌을 균등하게 하라는 의미는 세 가지.

일一, 상과 벌은 애초에 정한 원칙과 기준
결과에 따라 행해져야 한다는 것입니다.

즉 앞과 뒤가 일치해야 하고
말과 행동이 일치해야 공평한 것입니다.

조삼모사朝三暮四로 장난치거나
잔금은 다음에 합쳐서 줄게 라는 건 사기입니다.

이二, 상과 벌은 합해서 +, - 제로^{zero}입니다.

원래대로 그냥 진행해도 되는데
상을 주는 이유는 인센티브와 프로모션이며,
벌을 주는 이유는 예방의학적 차원입니다.

상을 남발하면 포퓰리즘으로 전락하고
엄하게 벌만 강조하면 눈치만 늘게 됩니다.

상과 벌이 합해져 제로^{zero}가 되는 것이 공평합니다.

삼三, 상을 줄 때 상은 상대로
벌을 줄 때 벌은 벌대로
그 안에서 각각 공정해야 합니다.

1등, 2등, 3등 상을 줄 때 공정해야 하고
잘못된 것에 대한 벌도 그 차등을 둠이
공정하게 이루어져야 합니다.

평平은 공평, 평등, 공정함이라
전후, 상하, 좌우가 다 같이 고름을 말하니
중용中庸의 의미와 그 맥을 같이 합니다.

육왈인 선함치야六曰忍 善含恥也.

여섯 번째는 참는 것을 말하니
치욕을 삭혀 잘 참는다는 뜻입니다.

순간적으로 분노하거나
작은 일에 쉽게 흥분하지 않고
치욕을 삭혀 승리로 되갚는 게 리더입니다.

함含(함유할 함, 함축할 함)의 의미는
단순히 오래 잘 꾹 참고 견디는 게 아니라
치욕이라는 놈을 꿀꺽 삼킨 다음
안에서 발효시켜 새로운 발전과 성장의 원동력과
밑거름으로 만들어 버리는 놀라운 소화능력입니다.

그래서 큰 뜻을 품은 이는
작은 것에 흔들리지 않고 치욕과 고난을
오히려 성장의 발판으로 삼았다지요.

26. 군사를 움직이는 법도 -3

칠왈관 능용중야七日寬 能容衆也.

일곱 번째는 관용을 말하니
무리의 잘못을 용서해 주는 것이다.

사람은 혼자일 땐 불안해서 무리를 짓지만,
군중 속에선 오히려 더 어리석게 변해버립니다.

시스템 속에서 남의 생각을 따라 하고
다수의 생각을 맹목적으로 추종하는
어리석은 무리를 따듯한 시선으로 바라보고
그들의 잘못을 너그러이 용서해 주는 것
그것을 관용寬容이라 합니다.

배우지 못해 어리석은 것은 개인 잘못이 아니며
모르면서도 배우려 하지 않는 이들을 계도하고
알면서도 실천하지 못하는 이들을 리딩하는 것
그것이 리더의 역할이니 관용은 필수입니다.

팔왈신 중연낙야 八曰信 重然諾也.

여덟 번째는 신뢰를 말하니
승낙하고 약속한 것을 중히 여김이다.
말 따로 행동 따로 이랬다저랬다 하면
누구도 리더를 믿고 따르지 않는 건 당연합니다.

말한 대로 모든 것을 다 지키기는
현실적으로 정말 어렵습니다.

무게가 있어 무거운 것(重:무거울 중)들은
대부분 맨 아래로 가라앉습니다.

약속과 말한 바를 지키려는 마음이
리더의 가장 밑바닥 기본 마음을 이룬다면
그러한 사람을 일러 믿을만하다고 합니다.

구왈경 예현능야九曰敬 禮賢能也.

아홉 번째는 공경함을 말하니
어질고 현명한 이를 격에 맞춰 대우해야 한다.

아무 때나 누구에게나 공손하다고 해서
예禮(예절, 예의)를 제대로 갖춘 것은 아닙니다.

손님을 융숭히 대하는 접대接待와
격에 맞춰 예로 대하는 대접待接은 의미가 다르죠.

어렵게 구한 인재와 서로 가까워지더라도
공과 사를 구별하고 예禮로서 대하지 않으면
인재는 리더의 그릇에 실망하고 떠나갈 것입니다.

돈만 많이 주면, 인재를 쉽게 영입해 올 수 있고
마구 부려 먹을 수 있다고 착각하는 이들이
리더로 있는 조직은 그래서 사상누각입니다.

27. 군사를 움직이는 법도 -4

십왈명 불납참야十曰明 不納讒也.

열 번째는 명백明白함을 말하니
거짓으로 알랑거림을 용납하지 않는 것이다.

아랫사람이 거짓으로 알랑방귀를 뀌고
윗사람은 지그시 눈 감고 이를 즐긴다면
사슴이 말馬로 둔갑하는 건 한순간입니다.

추악하더라도 진실은 진실이며
화려하더라도 거짓은 거짓일 뿐이니

리더가 먹고 튈 요량이 아니라면
누가 봐도 알 수 있는 명백한 것을 두고
거짓된 사탕발림에 넘어가면 곤란합니다.

십일왈근 불위리야十一曰謹 不違理也.

열한 번째는 삼가는 것이니
이치理致에 어긋나지 않는 것이다.

경조사나 상갓집에 가면 부조금 봉투 겉면에
'삼가 위로의 말씀을 전합니다.' 이렇게 씁니다.

삼감(삼가함)이란 무조건 뭘 조심하라는 게 아니라
세상살이 이치, 사람의 도리, 사물의 이치를
위배하지 않도록 일정한 선線을 지킨다는 뜻이죠.

누구든 자신이 속한 세상의 규범이 있고
사람이라면 지켜야 할 도덕이 있으며
일, 국가, 사물의 흥망성쇠에는 이치가 있습니다.

이러한 규범과 도덕, 이치理致를
시간, 장소, 상대, 상황에 맞게 선線을 넘지 않는
바로 그것이 삼감(謹 : 삼가할 근)입니다.

리더가 지켜야 될 선을 잘 지키지 않으면
그 선이 자신의 마지노선이 될 수 있습니다.

―――――

십이왈인 선양사졸야十二曰仁 善養士卒也.

열두 번째는 어질고, 인자함이니
아랫사람과 병사들을 잘 키우는 것이다.

한문에서 어질 인仁자는 하늘과 땅,
위와 아래를 연결해 주는 사람의 마음입니다.

리더의 가장 중요한 의무와 책임은
바로 다음 세대 리더를 양성함에 있습니다.

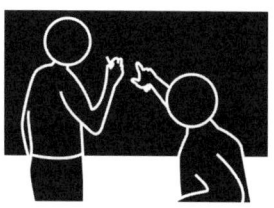

스스로 노력하여 고수가 되는 것보다
고수를 키워내는 것이 훨씬 더 어렵습니다.

28. 군사를 움직이는 법도 -5

십삼왈충 이신순국야十三曰忠 以身徇國也.

열세 번째는 충성을 말하니
나라를 위해 목숨을 바치는 것이
장수가 군사를 일으키는 법도라고 말합니다.

우리가 흔히 말하는 순국선열殉國先烈이
바로 이런 분들이십니다.

옛날에는 나라國의 중심이 왕이라
국가에 대한 충성이 곧 왕에 대한 충성이었으며,
그것이 민족이라는 이름으로도 표현되다가
지금은 국민이라는 이름으로 바뀌었습니다.

안중근 의사가 쓰신 글귀에서
견위수명見危授命이란
위기에 처한 국가와 민족, 국민을 위해
목숨을 초개와 같이 던진다는 뜻입니다.

그래서 그러한 분들의 넋을 기리고
터 좋고 빛 밝은 곳에 편안히 모시고자
현충원이라는 곳이 존재하는 것입니다.

출처 : 국립대전현충원, 2024. 8.

―――――
십사왈분 지지족야十四日分 知止足也.

열네 번째는 분수를 아는 것이니
만족하여 그칠 줄을 아는 것이
리더의 법도라고 제갈량은 말합니다.

학교에서 수학 시간에 배운 분수와
사물을 분별하고 자신을 아는 분수는
한문으로도 분수分數, 똑같이 씁니다.

분모와 분자를 구분하고
서로 나눌 줄 안다는 것은

마치 내 것과 내 것 아닌 것을 깨달아
소유와 공유의 의미를 실천하는 것 같습니다.

만족해 그침에 족(足:다리) 글자를 쓰는 건
무릎 아래서 몸을 받치고 있는 다리(足)가
달리고 멈추는 역할을 하기 때문입니다.

그래서 우리네 속담에서는
분수를 모르고 설치는 인간들에게
육갑을 떨고 있다고 표현합니다.

―――――

십오왈모 자료지타야十五曰謀 自料知他也.

열다섯 번째는 헤아릴 줄 아는 것이니
자신을 살피고 상대방을 헤아리는 것이다.

손자병법을 줄여서 한마디로 표현하면
지피지기知彼知己라 해서
적을 알고 나를 아는 것입니다.

제갈공명은 자신을 아는 것을 료料(헤아릴)로
남을 아는 것을 지知(알 지)라고 구분하되
이를 합친 것을 모謀(헤아릴)라고 표현했군요.

역지사지易地思之, 입장 바꿔 생각해서
지피지기知彼知己, 나를 돌아보고 적을 살펴본다면
그것이 바로 헤아린다는 뜻입니다.

두루 살펴 헤아릴 줄 모르는 사람이
어떤 조직의 리더나 군대의 장군이 된다면
어떻게 될지는 말씀 안 드려도 잘 아실 겁니다.
"지피지기知彼知己 백전불태百戰不殆"
적을 알고 나를 알면, 백 번을 싸워도 위태롭지 않다.

29. 리더가 조직을 움직일 때

제갈공명은 리더가 조직을 움직일 때
만전萬全을 기하려면
천, 지, 인(하늘, 땅, 사람)
세 가지 형세形勢를 잘 갖추라고 하는데요.

글 자체가 고전이고 병법서이다 보니
현대적으로 각색을 해 봅니다.

―――――

첫째, '환경과 때'는 조화調和를 중시하라.

무언가 어긋난 느낌은 부조화를 뜻하는데요.
첫 단추가 어긋나면 결론은 정해져 있는 것!

무리한 상황과 설익은 때에 뭔가를 도모하면
변화에 따른 유연한 대처가 불가능하므로
상황과 상대에 끌려다닐 수밖에 없습니다.

그런 전투나 프로젝트가 제대로 될까요?

───────

둘째, 유리하고 적합適合한 자리를 골라라.

'누울 자리를 보고 발을 뻗어라'는 말이 있죠.

사자는 밀림에서 싸워야 유리하고
호랑이는 산에서 싸워야 유리합니다.

모르는 산업과 기술, 낯선 시장과 고객
이런 곳에서 성공할 수 있을까요?

적에게 유리한 지형에서 싸우면
백전백패 아니면 몰살입니다.
키워드Keyword는 바로 '적합適合'

───────

셋째, 준비準備된 사람입니다.

준비없는 이별은 괴롭고
준비 안 된 이들의 작태에는 화가 치밀죠.

군대의 전투 준비는 훈련이며,
학생의 시험 준비는 공부입니다.

리더는 리더대로, 학생은 학생대로
역할에 맞는 역량과 기본을
미리미리 준비해야 합니다.

―――

리더가 조직을 움직여 뭔가를 도모하려면
준비된 인재들과
자신들이 선택한 전장에서
주위의 도움을 받아 제때 흐름을 타야
성공적 결과를 얻을 가능성이 높아집니다.

준비, 적합, 조화의 세 가지 키워드^{Keywords}는
굳이 큰 조직의 리더, 장군이 아니더라도
개인들 스스로 살아가면서 갖추어야 할
어떤 프레임워크^{Framework}가 아닐까 싶네요.

30. 트레이닝

제갈량의 병법서 심서心書
습연習練(익숙하도록 훈련함)편을 통해
군사훈련을 왜, 어떻게 해야 하는지 알아보고
리더십과 팀 교육에도 활용할 수 있도록
핵심적인 내용만 요약해서 풀어봅니다.

"백성을 훈련시키지 않고 전쟁에 내보냄은
백성을 포기하는 것과 같으며
잘 훈련된 한 명의 병사는 백 명의 적을 감당한다."

다양한 전략 전술에 미리 손발을 맞춰 보고
연습은 실전처럼 하며
손에 익을 때까지 주기적으로 반복하며
일당백의 강인한 병사가 되는 건 당연해 보입니다.

배우고 익히는 연습과 훈련의 기본 형태는
예습, 실습, 복습 세 가지뿐이지만
어떻게 조합, 응용, 하드트레이닝 하느냐에 따라
여러 가지 형태로 진화가 이루어집니다.

조직의 훈련과 연습, 일에 대한 관리뿐 아니라
개인의 공부와 수련에 대한 것도 마찬가지입니다.

연습과 훈련할 때
때론 빠르게 하는 것은
힘을 집중시키는 스피드를 익히기 위함이요,
때론 느리게 하는 것은
동작, 과정 하나하나의 의미를 알게 하기 위함이며,
때론 굳건하고 강하게 하는 것은
실전에 대비하기 위함이며,
때론 유연하고 부드럽게 하는 것은
익힌 것을 응용할 수 있도록 하기 위함이며,
때론 고되고 힘들게 하는 것은
한계를 뛰어넘게 만들기 위함이며,
미리미리 연습하고 훈련하는 것은
사전에 충분히 연습하여 대비하기 위함이며,
연습을 계속해서 반복하는 것은
익숙해지기 위함입니다.

"한 명의 병사가 백 명의 적군을 감당하는
일당백一當百의 진정한 용사가 되는 이유는,

직급이 낮은 병사에게도 예의로 가르치고
충성과 신의를 보여주어 깨우치게 하며

법률, 상벌이 공정함을 보여주고
사전에 목적과 목표를 인식시켜
권하는 바를 병사들이 스스로 알게 한 다음에
연습과 훈련을 시켰기 때문이다."

학문과 사물의 원리와 이치를 가르치고
두뇌와 가슴을 발달시키면서
인성을 가르치고 그릇을 키워야 할 우리네 학교에선
경쟁을 가르치고 부추겨왔으며,
업무, 기술, 혁신을 함께해야 할 기업과 조직에선
생존을 위한 눈칫밥과 요령만 늘어온 게 현실입니다.

학교나 학원에서
어디서 써먹지도 못할 걸 가르쳤던 이유는
경쟁을 부추겨 장삿속을 채우기 위함이며,

직장에서나 조직사회에서
시키는 것만 눈치껏 하라고 가르쳤던 이유는
쓰고 버릴 목적으로
사람을 포기하는 대신 돈을 선택했기 때문입니다.

어느 조직이나 다들 사람이 중요하다 말하지만
실제로 사람을 가르치고 키운다는 건
아무나 할 수 있는 게 아닙니다.

현대인의 세 가지 관리
대상인 콘텐츠Content(배우고, 가르치고, 실천할 것),
시간Time(일정 시간이 꼭 필요합니다.),
돈Money(살아야 하니까요.)은

본인이 주도적으로 정하고 수행해야 합니다.

그러나 그 세 가지도 결국
사람을 통해서 이루어지니
결국 우리가 돌보아야^{Care} 할 대상은 사람입니다.

자기 자식도 제대로 가르치기가 힘들다고 하죠.
하물며 다른 사람을 가르치는 건 더더욱 힘듭니다.

그래서 한 명이라도 제대로 가르쳐 놓으면
그 하나가 다시 열 명을 가르치고 키우며
그 열 명이 다시 백 명을 가르치니
일당백一當百이 되는 건 당연한 결과입니다.

31. 멈출 수 없는 Unstoppable 최강의 전투 민족

세계 최강의 전투 민족을 꼽으라면
초원의 몽골족, 유럽의 바이킹이나 훈족,
아메리카 인디언의 전설 아파치족에서
사자를 때려잡던 아프리카 마사이족,
용병 계를 주름잡는 네팔 구르카족까지
여러 민족이 거론되곤 하는데요.

여기 눈 떠서 먹고 놀고 공부하고 일하는
일상의 모든 것들이 전투적이라는
전투력 만랩, 배달민족을 알아봅니다.

GPT Content by Author Prompt

첫째, 산전수전 공중전 경험치 풀업 Full Up

동네 꼬마부터 은퇴한 할아버지까지 남녀노소
모두 산전수전 공중전의 경험치를 가뿐히 넘어
풀업 Full Up까지 꽉꽉 채운 미친 이들이 있습니다.

극단적 빨리빨리 문화가 가성비의 최적화,
실용성의 극대화와 결합해 숙성 발효됨으로써
실패, 고난, 좌절, 성공의 경험을 빚어내니
만랩을 초단기로 찍어내듯 양산합니다.

호전적이라거나 성질이 더러워서가 아니라
천연자원 하나 없이 내부의 치열한 경쟁과
수천 년간 이놈 저놈 외부 침략에 시달리다 보니
자연스레 몸에 밴 전투DNA

거기에 더해 뭔가를 시작할 때면
장빗발부터 챙기는 완벽한 준비성에
다재다능한 재능까지 겸비하니
이들을 '사기캐, 먼치킨'이라고 부릅니다.

둘째, 싸울수록 강해집니다.

만화 드래곤볼의 초 사이언인 일까요?

지고는 못 사는 민족!

온 국민이 게임과 승부에 진심인 민족!
약팀에 지는 건 실수해서 지는 거고
강팀에 지는 건 못해서 지는 거라며
자신을 극한으로 몰아붙이는 겸손함 So humble!
엄청난 회복탄력성에 체력 무한대

보통 동서양의 역사를 보면 전쟁에서 지거나
왕이 항복하면 국민도 따라서 항복하는데
이들은 전쟁에서 져도 전투에선 이깁니다.

왕이 항복하고 나라가 망했는데도
이들은 계속 저항하고 싸웁니다.

침략자의 입장에서 보면 미치고 환장합니다.

싸울수록 강해지고, 끝까지 항복도 안 한다면
이젠 누구도 그들을 말릴 수 없습니다.

———

셋째, 위기에 '헤쳐모여'가 생활화되어 있다.

평소엔 서로 죽일 듯이 싸우다가도
외부에 적이 생기면 삽시간에 돌변.
모두가 하나로 단결, 전투는 혼연일체

흩어졌다 모였다 자유자재
게릴라 레지스탕스 식 전투의 끝판왕.
국가와 민족, 동네 아주머니 할머니까지

온 국민이 전투에 목숨을 거는 민족.

민족 자체가 하나의 강철부대.

개인의 자율성과 자존심은 겁나 세서
각자의 권리와 자유를 위해 서로 싸우지만,
문제가 생겼을 때 보여주는 미친 단결력.

모든 것을 녹여내는 용광로이자
새로운 맛을 창조하는 비빔밥 문화.

전투에 최적화된 이들의 리더십은
팀원 모두를 리더로 만들어 냅니다.

One to One, All for All

"나는 나고, 너는 너지만,
우리라고 불릴 때는 우릴 건드리지 마라!"

끝까지 추적하는 마피아의 집요함도
너 죽고 나 죽자는 가미카제의 치기^{稚氣}도
'오늘 다 죽었어'를 외치는 올킬$^{All\ kill}$에 속수무책.

팀원 모두가 리더가 되는 전투방식
자발적으로 끝없이 양산되는 리더들
전쟁에서 져도 절대 항복 안 하는 똥고집.

동서양 전략, 병법서에도 어디를 뒤져봐도
대책이 없고 뒷감당이 안 되는 언스토퍼블Unstoppable
애초에 안 건드리는 게 좋은 언터처블Untouchable.

전투 민족 배달민족.

제갈공명은 심서, 전도戰道편에서 전투를
임전, 총전, 곡전, 수전, 야전으로 분류하고서,

숲속의 임전林戰은 파고드는 인파이팅으로
밀집된 총전叢戰은 치고빠지는 아웃복싱으로
꽉 막힌 계곡싸움谷戰은 서로의 손을 묶게 되니
발이 묶이는 수전水戰에서는 흐름을 타야 하고
시야가 제한된 야전夜戰은 은밀하게 움직이는,

즉 지형과 때에 따라서
전투에 임하는 방법을 설명하고 있습니다.

전투는 한국인을 빼놓고 얘기할 수 없고
제갈공명의 글은 옛날 전투에 관한 설명이라
그 핵심을 현대적으로 풀어보다가
국뽕을 조금 담아 언스토퍼블Unstoppable
배달민족의 전투력과 리더십에 대해 써봤습니다.

32. 리더가 모셔야 할 세 종류의 손님

제갈공명이 지은 병법서 심서心書
삼빈三賓(석 삼, 손님 빈)편에서

장수가 군대 조직을 잘 운영하려면
뛰어난 참모를 적절한 예禮로 모신 다음
손님으로 정중히 대우해야 하며,
일을 처리함에 반드시 발생하게 되는
득실得失을 함께 상의해야 한다고 합니다.

―――――

손님으로 모실 세 명의 참모 중에서도
최고의 참모라는 상빈上賓은
흐르는 물처럼 이치에 따라 말하고
견문이 넓어 막힘이 없으며
재능이 깊어 예술의 경지에 이르니
모든 사람이 우러러본다.

이런 상빈上賓은 마땅히 최고의 대우로 모셔
지극히 존중하며 대해야 합니다.

―――――

그다음으로 정중히 대우해야 할 중빈中賓은
용맹함이 곰과 호랑이 같아

최전방에서 군사들을 지휘하니
아군의 기세를 드높일 수 있고

원숭이처럼 가볍고 날렵해서
작전의 수립과 실행이 신속하며

강하기는 쇠와 돌같이 단단함으로
패배와 실패에 쉽게 좌절하지 않고

예리한 검劍처럼 잘 벼려져 있어
적을 두려움에 떨게 만들면서
내부 조직의 기강도 단단히 세웁니다.

이런 참모들은 한 시대를 풍미할 영웅이니
마땅히 중빈中賓으로 모셔야 합니다.

―――――

그다음으로 대우할 참모, 하빈下賓은
매번 맞는 것은 아니지만
때때로 옳은 말을 하니 말을 새겨서 듣고
얕은 기술과 조그마한 재주에 불과하나
필요할 때 긴히 쓰일 수 있으니
하빈下賓으로 대우해야 한다고 말합니다.

한자로 '손님 빈賓' 글자는
선물을 들고 찾아온 귀한 사람이며
일의 순서와 방법을 잘 알고 있어서
주인을 도와주는 손님이라는 뜻인데요.

제갈량이 말하는 손님이 참모參謀입니다.
(나란히 서서 참여할 참參, 모의할 모謀.)

참모參謀란 흔히 말하는 주종 관계가 아니라
지휘관 장수 리더와 함께 나란히 서서
같은 자격으로 함께 논의하는 사람입니다.

그래서 부하가 아니라 손님으로 대접해야 하죠.

한마디로 격格에 맞게 예禮로써 대우하는
손님처럼 어려운 사이라는 뜻입니다.

현대 회사에서 참모는
임원任員(맡길 임, 인원 원)과 고문顧問
(뒤돌아볼 고, 물을 문)으로 나눌 수 있는데
실제 역할과 책임Role & Responsibility은
현실과 이상이 따로 노는 경우가 많습니다.

어떤 대기업 회사의 임원任員은
주종관계에 있는 임시 직원처럼
객客도 손님도 아닌 어정쩡한 상태로
개처럼 충성하다가
어느 따스한 오뉴월 복날에
갑자기 명퇴를 맞이하게 됩니다.

그래서 복지부동하면서 정치만 하거나
사리사욕에 뒷주머니를 챙기곤 하죠.

————

또 하나의 잘못된 사례로는
전관예우, 고위직 전직 타이틀에
'나때는 말이야'라는 소위 라떼를 남발하는
엉뚱한 인사들을 고문顧問이랍시고 모셔 와서
낙하산 인사를 해 조직을 망가뜨리고
인맥을 통한 청탁, 알선, 협잡질을 일삼으니,

나중엔 결국 회사는 산으로 가고
조직은 바다로 가며
사장은 감방에 가게 됩니다.

상명하달과 보수적 문화의 옛날 군대에서
진짜로 참모에게 이런 대접을 했을까 싶지만,
스승을 모시고 배우면서 나아간다는 측면에서
분명 유사한 공부가 있었을 것으로 추측할 수 있습니다.

그렇지만 리더가 스스로 자격이 없고
참모**參謀**를 손님이라 생각하지도 않으며
상빈, 중빈, 하빈을 알아보는 눈이 없다면
'말짱 도루묵'이라는 생각이 드네요.

아무튼 '손님 접대는 집안 형편대로' 하고
'주인과 손님이 뒤바뀌는 주객전도**主客顚倒**를 조심'하며
'사람을 함부로 대하지 말라'는 정도만 해도
실천하기가 쉽지 않을 듯합니다.

33. 포스가 함께 하길

제갈공명의 병법서 심서心書를 통해
경영과 리더십을 공부해 봅니다.

중형(重刑 무거운 형벌)에 대해서
제갈공명은 오자병법吳子兵法의 저자이자
엄하기로 소문난 오기吳起의 글을 인용해
군사를 다스리는 위엄과
형벌에 대해 다루고 있는데요.
저는 주된 내용만 간추려 보겠습니다.

"사람의 듣는 귀는 소리로 위엄을 세우므로
북과 종으로 맑은소리를 내야하고

사람의 보는 눈은 용모로 위엄을 세우므로
이름을 내건 깃발은 선명히 보여야 한다.

여러 사람이 모인 곳에 기준이 없으면
그 마음은 곧 흩어지게 되니

군사를 잘 다스려 위엄을 세우려면
귀, 눈, 마음을 중요하게 여겨야 한다."

모두가 지켜야 할 원칙과 기준이라면
상하上下가 동등하게 따라야 하며
형벌을 내려야 할 리더라면
그 무거움을 알고 신중해야 합니다.

형벌과 위엄의 목적은
당근 뒤에 무서운 채찍을 숨겨두는 게 아니라
군사를 잘 다스려 승리하고자 함입니다.

포스는 그런다고 생기는 게 아니니까요.

회사 생활 격언 중에 이런 말이 전해집니다.

"손 빠른 이보다 머리 좋은 이가 낫고
머리 좋은 이보다 눈 밝은 이가 낫다."

저는 여기에 하나 더 추가해 봅니다.

원활한 소통을 하고 싶은 리더라면
결국 마음의 문을 열고 잘 들을 수 있는
좋은 귀를 가져야 한다고 말입니다.

34. 조직을 해치는 좀벌레

제갈량의 병법서 심서心書 군두
軍蠹(좀벌레 두)편을 통해 작전 중인 군대에
좀벌레들이 일으키는 폐단을 알아봅니다.

어려운 한자와 전쟁 용어가 많아서
현대식 표현으로 쉽게 풀이하다 보니
원문과 다른 해석이 될 수 있음을 감안해 주시길...

작전이나 프로젝트를 수행하면서
척후병, 즉 시장조사를 하지 않는다면
심봉사도 심청이를 몰라보는 게 당연합니다.

미적미적 하다가 실기失期하고
전후좌우 제멋대로 움직이는 건
너 죽고 나 살자는 쥐서방들의 몸부림이며,

군사, 자원, 리소스를 줬다 빼앗다 하고
부족한 부분을 뻔히 알면서도 채워주지 않는 건,
군율이나 기준이 없어서가 아니라
시킨 대로나 하라는 강짜 부림입니다.

거짓과 두려움으로 기만하고
죽도 밥도 안 되게 만들어 판을 어지럽히려
비밀을 함부로 누설하고 헛소리를 지껄임은
남 잘되는 걸 두고 보지 못하는 옹졸함 때문입니다.

아래위도 없는 용맹함은 언뜻 멋져 보일 진 몰라도
적군을 이롭게 하는 필부의 만용에 불과해
적의 사기를 높여주고 아군을 당황하게 만듭니다.

재물을 퍼주다가 곳간을 텅 비우는 짓은
너 죽고 나 죽자는 공멸의 상황이 오더라도
혼자서 재빨리 먹고 튀겠다는 사전 신호입니다.

군대나 조직 내에서 이런 짓을 벌이는 좀벌레들은
겉으로 보기엔 우왕좌왕 이랬다가 저랬다가
원칙과 기준도 없는 불쌍한 바보인 양 행동하고
살아남기 위한 처절한 몸부림처럼 보이지만,

실제로는 개가 똥을 못 끊듯이
숨겨진 자신의 더러운 본능을 버리지 못해
군대와 조직에 해를 끼치는 좀벌레에 불과합니다.

이런 좀벌레들과는 전쟁, 프로젝트 등
어떤 일도 같이 도모할 수 없으며
거창하게 시작하더라도 그 끝은 미약해지니
용두사미|龍頭蛇尾는 둘째치고
배신, 배반이나 안 당하면 그나마 다행입니다.

조금씩 조금씩 야금야금
그렇게 세상을 좀먹는 좀벌레들은
군대, 회사, 학교, 인맥 어디에나 꼭 있습니다.

한 번 좀벌레가 생기면 퇴치가 어려우니
미리미리 청결하게 관리해야 됩니다.

그게 리더와 장군의 몫입니다.

35. 유리한 고지

제갈공명 SWOT 매트릭스

제갈량의 병법서 심서心書 사리 편입니다.
제목이 '사리使利'(하여금 사, 이로울 리)입니다.

전략과 전술을 운용하는 데
대규모 정규전이든 소규모 유격전이든
지형과 시기(때), 병력과 자원 등을 고려해
유리한 점을 십분 활용하라는 내용인데요.

좀 더 자세히 살펴보면

―――――
'풀과 나무가 빽빽한 곳에서는 유격전을 하라.'

시장이 얼어붙어 있어 운신의 폭이 좁을 땐
자기 목숨은 스스로 챙겨야 하므로
빠르게 치고 빠지는 유격전이 유리합니다.

―――――
'겹겹이 둘러쳐 보이지 않는 숲속에서는
갑자기 들이닥쳐 공격하라.'

동에 번쩍, 서에 번쩍하는 홍길동 전술이
의사결정 단계가 복잡한 대형 시스템을
상대할 때 효과 만점이라는 얘기.

―――――
'앞을 가려줄 숲이 없으면 잠복 대기하라.'

앞을 가려줄 우산이나 방패막이가 없으면
천하장사도 한 방에 갈 수 있습니다.
군대에서 엄폐, 은폐를 배우셨죠?
머리카락도 보이지 않게 꼭꼭 숨어야 합니다.
아시죠? 잠복의 기본은 끈기와 인내입니다.

———————
'우리편 쪽수가 상대보다 많으면
밝은 대낮에 공격해 위세를 과시하고
우리 편 쪽수가 상대보다 적으면
어두운 밤에 공격하는 게 이롭다.'

아, 이건 진리이자 팩트입니다.
팩폭 모르면 즉사!

———————
'강한 활과 긴 창을 가지면 속전속결.'

핵펀치, 스프린터는 승부를 길게 가져가면
버티지를 못하고 제풀에 쓰러집니다.

전쟁과 싸움의 궁극적 목적은
승리와 생존에 있으므로
전략이든 전술이든 간에
유리한 고지를 점령해 전투에 임하는 건
어쩌면 너무나 당연한 얘기인 듯합니다.

나의 강한 것으로 상대의 약한 것을 노리려면
먼저 자신의 뭐가 유리한지 알아야 하는데
그걸 잘 모르거나 활용하지 못하는 게 문제.

현대 비즈니스에선
대기업은 시스템과 규모의 강점을
스타트업은 빠른 기동력과 힘의 집중이라는
각각의 장점과 유리한 고지를 확보하고 있죠.

기본적으로 힘이 세고 강하다면
상대를 비교적 쉽게 이길 수 있습니다.

그러므로 대부분의 전략과 전술은
불리한 상황을 타개해서
약자가 강자를 이기고
하수가 고수를 이기기 위해 만들어졌습니다.

전략의 기본이라는 강·약·기회·위협 SWOT은
동전의 양면과 비슷해서
강점을 뒤집으면 약점이 되지만
문제를 해결하면 오히려 기회로 바뀝니다.

'싸워서 이기라'는 게 아니라
'이겨 놓고 싸워라'는 게 전략의 핵심이며
이 말은 유리한 상황을 미리 만들어 놓고
싸움에 임해야 승률이 높다는 얘기입니다.

안 그러면 애먼 군사들만 죽어 나갑니다.
머리가 나쁘면 손발이 고생인 것도 팩폭!
(팩폭: 팩트 폭격, 돌려 말하지 않고 직접적으로.)

36. 지피지기

지피지기를 케바케^{Case by Case}로 해도 되는 걸까요?

지피지기(知彼知己) 적을 알고 나를 알면...
많이 듣고 많이 쓰는 말이죠. 정확히는
지피지기 백전불태百戰不殆(위태로울 태)
병법의 귀재라는 손자병법에 나오는 말인데
지피지기 백전백승으로 더러 오해하기도 합니다.

뭐 어쨌든 둘의 의미가 크게 다른 것도
각자 완전히 틀린 얘기도 아닌 것 같습니다.

근데 그 지피지기 구체적으로 어떻게 할까요?
글쎄요 ....

그건 누구에게도 들어본 적 없는 것 같습니다.

마치 전라도 사투리의 '거시기'처럼
그냥 의미를 대략 유추해서 서로 통용될 뿐.

만약 누군가 내게 지피지기를
어떻게 하면 되냐고 물어본다면
나는 뭐라고 답해야 할까요?

대충 얼버무릴 때 주로 사용하는 마법의 단어
'케바케^{Case by Case}'를 써야 하나요?

음... 생각을 좀...

경영학이나 비즈니스 관점에서 보면 지피지기는

- 경쟁사 벤치마킹을 통한 특징Featuring 분석
- 경쟁 요인을 특징적으로 비교한 갭Gap 분석
- 상대방과의 전략 맵핑Strategy Mapping 기법
- 기업역량 평가/가치 평가/경영수행역량 평가
- 스타트업 기술 실사Technical Due Diligence

등등의 여러 최신 기법과 비주얼/씽킹 도구Visual/Thinking Tool로도 분석할 수 있을 듯합니다.

그럼, 제갈공명은 지피지기를 어떻게 해야
이길 수 있는 전쟁만 골라서 할 수 있다는 것일까요.

심서心書 췌능揣能(헤아릴 췌, 능력 능)편을 살펴봅니다.

군사를 잘 부리는 장수는
자기의 능력을 헤아리고 승부를 헤아리니
임금, 장수, 관리, 양식과 군량미, 병사
군대의 위용, 군마, 지형, 빈객(작전 참모)
주변국 외교, 재화, 백성의 만족도를 보고
어느 편이 이길 것인지를
전쟁 하기 전에 미리 알아차린다고 요약할 수 있습니다.

내용이 꽤 구체적입니다.

현대와 비교하더라도
상대방과의 4P(Product, Price, Place, Promotion)
4C(Customer, Cost, Convenience, Communication)
전략과 리더십, 기술/인력/자금 자원Resource까지
거의 완벽한 타당성Feasibility을 사전에 평가 분석하다니
공명의 내공이 후들후들합니다.

췌능揣能편에서 중요한 구절 하나만 꼽아보면

췌기능이요기승부 揣其能而料其勝負
'능력을 헤아려 그 승부를 헤아린다'인데,
여기서 한문 두 글자만 더 짚어보고 가겠습니다.

우리가 한글로 쓰는 헤아린다는 말은
한문으로 헤아릴 췌揣와 헤아릴 료料가 있어,
췌는 사람, 남의 마음, 역량, 질을 헤아릴 때
요는 사물, 자기의 마음, 확률, 양을 헤아릴 때
주로 사용함으로써 그 의미를 구분하고 있습니다.

결론적으로 제갈공명이 풀이한 지피지기는
상대와 나의 능력을 비교해 승률을 보고
싸움을 할지 말지 잘 판단하라는 얘기입니다.

결론이 심플한데 과정은 쉽지 않다는 건
대부분 옳은 얘기로 판명되었으니
지피지기, 잘 실천해 보는 걸로 결정하면 되겠습니다.

참고로 다른 번역본에 보면 '췌'를 '취'로
보기도 하는데요.
'헤아릴 췌'나 '취' 모두 맞는 표현이지만,
상대의 마음을 헤아린다고 할 때는
저는 '헤아릴 췌'로 풀이합니다.

37. 적재적소

공명의 병법서 심서心書
택재擇材편으로 이야기를 풀어 봅니다

심서心書 장재將才편이
장수의 재질과 그릇을 보는 것이라면
군사들의 재목과 재능을 살피는 것이
바로 택재擇材편 인데요.

군사들의 용맹과 재능을 잘 살펴서
본진, 돌격대, 기마진, 특수부대 등
적재적소에 맞게 배치하라는 내용입니다.

적재적소適材適所, 참 어려운 일입니다.
과연 정답이 있을까요?

전투와 비즈니스가 다르고
상황과 목적에 따라 달라진다고 봅니다.

저는 택재**擇材**편을 현대식으로 해석해
팀원을 자리와 업무에 맞게 배치하는
세 가지 관점으로 접근해 봅니다.

―――――

첫째, 리더로 키울 것인가.

리더의 큰 책무 중의 하나가
바로 차세대 리더를 키우는 것입니다.

재능이나 재주, 역량은 그릇에 담긴 것입니다.
리더로 키울만한 그릇인지 아닌지
전문가로 키울 것인지 관리자로 키울 것인지
판단해서 업무와 자리를 배치해야 합니다.

―――――

둘째, 리더와 팀 매칭.

리더와 팀원의 매칭 그리고,
팀원과 팀원을 잘 매칭시켜 배치해야 합니다.

업무와 목적, 상황에 따라 다르지만,
공격해야 할 때에는 되도록
리더와 팀원이 유사한 스타일이 좋고,

방어해야 할 때에는 되도록
서로를 보완할 수 있는 관계가 좋으며,

변화와 혁신을 꾀할 때는
서로 완전히 다른 스타일이라 할지라도
상대를 인정해 주는 사이가 시너지를 냅니다.

너는 너고, 나는 나
너는 너대로, 나는 나대로
이런 식이라면 굳이 한 팀으로 묶지 말고
개별적인 업무를 부여해
전문가 조직으로 구성하는 게 좋습니다.

속담에 '중매는 잘 서면 술이 석 잔
못 서면 뺨이 세 대'라고 했지만,
팀 배치가 잘못되면 판이 깨져 버립니다.

직장인의 퇴사 사유 1위는
돈, 업무 때문이 아니라
직장 상사, 동료들 때문임을 기억하세요.

―――――
셋째, 일관성 있는 기준.

리더가 팀원들을 적재적소에 배치할 때는
목표, 역량, 평가에 관해
명확하게 합의된 일관성 있는 기준이
리더에게 분명히 서 있어야 합니다.

팀 따로, 개인 따로
역량 따로, 일 따로
지금 따로, 나중 따로
이랬다가 저랬다가 하면
결국 배는 산으로 가고 맙니다.

자, 그럼 적재적소가 잘 됐는지 아닌지
어떻게 알 수 있을까요?

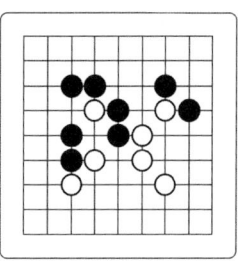

적재적소가 잘 되었다고
전투에서 반드시 승리하고
모든 일이 다 성공하진 않습니다.

그저 자연스러워질 뿐입니다.

발에 신발이 잘 맞으면
신발을 신었다는 것을 잊어버리듯
적재적소가 실현된 조직은
마치 하나의 유기체처럼 움직입니다.
손발이 따로 놀지 않는다는 뜻입니다.

머리가 나쁘면 손발이 고생이라고 하죠.
리더가 머리입니다.

손발이 따로 놀면서 개고생하는 건
바로 머리 때문입니다.

적재적소適材適所, 해석이 참 어렵네요.
인사관리, 용인술, 용병술의 끝판왕쯤?
아무튼 그런 느낌입니다.

38. 지혜의 용병술

제갈량의 병법서 심서心書 설응設應편
(베풀 설, 응대할 응)에서 설명하는 내용은
군대에서 병사를 부리는 용병술에 관한 겁니다.

한 구절 한 구절마다 의미가 깊어서
전체 문장을 적고 하나씩 풀어보겠습니다.

먼저 용병술의 최고 경지,
'지혜로운 용병술'에 관해서 적어 봅니다.

약내도난어이若乃圖難於易하고
위대어세爲大於細하며
선동후용先動後用하여
형어무형刑於無刑이면
차此는 용병지지야用兵之智也라.

하나씩 풀어보면

약내도난어이若乃圖難於易.
만약 어려운 일을 쉬운 것으로 도모하고

하수下手는 쉬운 일조차 어렵게 접근하므로
시킨 일이나 겨우겨우 처리하게 되지만
중수中手는 쉽고 간단한 일은 요령 있게
어려운 일은 여럿이 함께 처리합니다.

고수高手는 어려운 일을 너무 쉽게 풀어내어
남들은 이를 흉내 내지만 언제나 결과는 딴판
그래서 우리는 그들을 고수高手라고 하죠.

위대어세爲大於細하며
작고 세밀한 것으로 큰 것을 이루며

'악마는 디테일에 있다.', '디테일에 강하다.'
이런 말 많이 들어보셨을 겁니다.

고수는 숲도 보지만 나무도 봅니다.

용쟁호투龍爭虎鬪의 치열한 승부에서는
종이 한 장 그 미세한 차이로 승부가 갈리므로
고수는 섬세한 부분에 신경을 많이 씁니다.

결과만 좋다고 다 좋은 게 아닌 건
이런 과정과 프로세스, 관찰, 세밀함 같은
작고 세밀한 것들의 완성도가 높아져야
큰 것을 이룬다는 것을 알고 있기 때문입니다.

선동후용先動後用하여
먼저 움직이고 나중에 쓴다.

여기서 먼저 움직이는 선동先動에 대해서는
책마다 사람마다 해석이 다양한데요.

저는 동양 무술의 원리를 빌려서
아래와 같이 해석해 봅니다.

적부동아부동, 적미동아선동
適不動我不動, 適微動我先動

적이 움직이지 않으면 나도 움직이지 않고
적이 조금이라도 움직이면
내가 더 빨리 먼저 움직인다.

즉, 눈에 보이는 선빵이 중요한 게 아니라
상대보다 먼저 움직이는 원리가 중요합니다.

그다음은 후용後用인데요
군사를 운용하는 용병술用兵術은
바로 작전, 전략을 뜻하는데
내가 먼저 군사의 진용을 갖추면
적에게 이쪽의 작전이 노출되고
적은 나의 진용에 맞춰 작전을 세우게 됩니다.

그래서 먼저 움직이되 상대의 대응을 보고
나중에 진용을 짜는 것을
후용後用이라고 풀어봅니다.

선동후용先動後用이 병법서의 표현이라면
후발선제後發先制는 무협지의 표현입니다.
(뒤 후, 일으킬 발, 먼저 선, 제압할 제)

그래서 무협지에 나오는 절정의 고수들이
후발선제라는 고급 기술을 보여주곤 하죠.

형어무형刑於無刑이면
다스림 없이 다스리면

옛날에 부처님이 이런 말씀을 하셨습니다.

깨달음을 위해 스스로를 채찍질하는 데
이해가 깊은 이는 채찍이 굳이 필요 없어서
채찍의 그림자만 보여줘도 충분하지만,
채찍을 직접 봐야만 하는 이도 있고
채찍으로 내려쳐야 정신 차리는 이도 있으며
아무리 때려도 깨닫지 못하는 이가 있다고요.

여기서는 굳이 형벌刑罰을 주지 않더라도
그냥 형벌이란 게 있다는 그림자만 보여줘도
충분히 잘 다스려질 만큼
평소에 훈련이 잘되어 있다는 뜻입니다.

차此는 용병지지야 用兵之智也
이렇게 군사를 부리는 것을 지혜롭다고 한다.

이렇게 지혜롭게 병사를 운용하는 것을
용병술에 있어 최고의 경지로 풀어봤습니다.

심서 책마다 이번 편의 제목이 조금씩 다른데요.
어떤 책에는 설응設應(베풀 설)이라 쓰고
어떤 책에는 몰응沒應(가라앉을 몰)이라 하며
또 어떤 책에는 후응後應(뒤 후)이라 합니다.

핵심은 응應(응대할 응) 글자로
雁(매 응)자와 心(마음 심)자가 결합한 것이라
매사냥에서 매가 내 요구에 응답하듯이
상대방이 나의 요구에 응해준다는 뜻입니다.

어쩌면 응雁(매 응)의 모습이
현대적으로 생각하면 직장인이 아닐까?
용병傭兵(고용된 용, 병사 병)과 샐러리맨이
과연 뭐가 다를지 곰곰 생각해 봅니다.

갑자기 서글픈 마음이 들긴 하지만
수처작주隨處作主 입처개진立處皆眞.
(어느 곳이든 가는 곳마다 주인이 됨.)

남의 일을 해주는 용병이든 아니든
어디서 무엇을 하든 간에
자기 인생의 주인이 누구인지를
항상 생각하고 살아야겠습니다.

39. 능력자의 용병술

지혜의 용병술은 이전 글에서 풀어봤으니,
제갈량의 병법서 심서心書 설응設應편
두 번째 용병술의 경지, 능할 능能
능력자의 용병술에 관해 얘기해 볼까 합니다.

사도이열師徒已列용마교치戎馬交馳
강노재림强弩纔臨단병우접短兵又接
승위포신乘威布信 적인고급敵人告急
차此는 용병지능야用兵之能也라

군사들이 무리 지어 늘어선 가운데 질서가 있고
병장기를 매단 전투마들이 서로 교차하여 달리며
강한 쇠뇌와 짧은 병기가 근접해 배치되어 있음에
장군이 마차에 올라 나를 따르라고 외치니
적군이 위기의 급보를 고하게 만든다.

이것이 바로 능能한 용병술입니다.

조직 관리론에 따라 현대식으로 해석하면
전략과 세부적 전술에 따라
단기적 장기적 계획에 맞춰
자원과 인력이 적재적소에 배치되어
전투 시에 한 몸처럼 움직이게 만드는 게
능력자의 용병술이네요.

키워드^{Keyword}는 전략, 적재적소, 훈련.

전략이란 쉽게 말해
나에게 유리한 선택과 집중이며,

적재적소^{適材適所}는
오직 능력에 따라 자리와 역할을 맡김이며,

훈련이란
리더가 현장에서 함께 뒹구는
실전과 같은 파일럿^{Pilot}, 베타테스트^{Beta Test}입니다.

역시 능력자의 용병술도 쉽지 않죠?

40. 흔한 용병술

제갈량의 병법서 심서心書 설응設應편에서
상급, 중급의 용병술을 이미 다뤘는데요.
이제 하급 용병술을 얘기해 보겠습니다.

어쩌면 일상에서 흔히 겪는 건지도...ㅠ.ㅠ

전쟁에서 상책은 싸우지 않고 이기는 것이며
중책은 유리한 상태에서 싸우는 것이며
피해를 무릅쓰고 죽기 살기로 덤비면 하책입니다.

경영학이나 비즈니스에서도 이런 말이 있죠.
시장의 구조, 고객의 니즈, 경쟁사를 모르면서
함부로 사업이나 장사에 뛰어들지 말라고요.
레드오션Red Ocean은 잘못 뛰어들면

순식간에 피바다 됩니다.

물량과 돈질, 혹은 재수로 이길 수 있겠지만
그 와중에 죽어 나가는 건 힘없는 병사들
애꿎은 직원들과 불쌍한 개미들입니다.

제갈공명은

신충시석身衝矢石 쟁승일시爭勝一時
성패미분成敗未分 아상피사我傷彼死
차내용병지하야此乃用兵之下也
승패를 가늠할 수 없는 상태에서
화살 빗속을 맨몸으로 뚫고 나아가
많은 아군이 다쳐가며 적을 죽이고
한 때의 승리를 쟁취하는 건
하급의 용병술이라 말합니다.

상처뿐인 영광
한 번의 승리
누군가 혼자만의 명예.

하급이라도 그나마 이기면 다행인데
이런 인간들이 지고 나면 혼자 줄행랑.

음... 이런 경우를 당하거나 보게 되면
뒷골이 당기고 목덜미 잡고 쓰러집니다.

이런 XX 같은 장군 밑에 있는 병사들은
과연 무슨 생각들을 할까요?

자기들도 각자 살 궁리를 하겠죠.

각자도생各自圖生이
복지부동伏地不動으로 이어지니
당나라 군대 되는 거는 한순간입니다.

41. 손쉬운 싸움/승리/전투란 무엇일까?

인생과 비즈니스는 보는 관점에 따라
끝나지 않는 굴레 속의 전쟁이 될 수도 있고
각자의 개성, 철학, 경쟁력, 존재 이유를 통해
성장하고 상생하는 흐름이 될 수도 있습니다.

다만 현실 속 평범한 우리들은
전쟁과 상생
생존과 진화
과정과 결과
그 사이의 중간쯤 어디에선가
때론 견디고, 때론 타협하면서
이리저리 휩쓸리듯 살아가고 있을 뿐입니다.

제갈공명 병법서 심서는 이러한 현실적 고민을
전쟁의 관점으로 풀어내서 설명하고 있고
저는 리더십의 관점에서 이야기해 봅니다.

전쟁과 비즈니스 세계에서
손쉬운 싸움/전투/승리란 과연 무엇일까요?

어린아이의 사탕을 뺏어 먹는 건
이젠 일종의 사기성 먹튀로 지탄받게 되었으며,
노른자위를 꿰차고 앉아서 장사하던
메이저 기업들의 생사도 하루 앞을 모르는 세상이 되었습니다.

비즈니스 관점에서 보자면
소비자의 호주머니 사정은 정해져 있기 때문에
경쟁이 없는 블루오션이나 제로투원$^{Zero\ to\ One}$의
독점적 시장 지위를 확보한 게 아니라면
우리는 대부분 현실에서 한정된 돈^{Money}이나
목표 고객을 두고 치열한 경쟁을 벌일 수밖에 없습니다.

그러한 현실 속에서 제갈공명이 말했던
경전輕戰 …
가볍고 손쉬운 전투란 과연 뭘까요?

남들이 모두 어렵게 하고 있는데 혼자만 쉽게 한다?
이건 뭔가 믿는 구석이 있다는 뜻입니다.

생각해 보면, 뭔가 믿는 구석이 있으면
눈동자가 불안하게 흔들리지 않고 고요해지기 마련입니다.

믿는 구석이란 무엇일까요?

남들이 넘볼 수 없는 것을 가지고 있다는 뜻이며
공격을 받더라도 타격이 크지 않다는 뜻입니다.

준비된 무언가 비장의 카드가 있든지 아니면
평소에 준비된 무언가가 있어야 합니다.

사실 비장의 카드는 들키면 말짱 도루묵이라
장점이 오히려 약점이 되거나, 독이 될 수 있습니다.

그러나 평범한 거, 일상적인 것은 반드시
절대적 시간과 깨달음
그리고 상당한 노력, 준비의 과정은 필수입니다.

이름하여 기본기가 충실하다는 건데,
그래서 기본기를 충실히 갖춘 고수의 눈빛이
필살기를 준비한 하수보다 더 안정되어 있다고 하겠습니다.

어차피 쉬운 싸움이란 없습니다.
코 묻은 어린아이의 눈깔사탕을 뺏어 먹는 거로는
여전히 배고프기 still hungry 때문이며
누워서 떡 먹기 하다가 자칫 골로 갈 수 있고
땅 짚고 헤엄치기는 모양새가 빠지며
진짜 위기의 순간이 오면 구명조끼가 필요합니다.

갑옷이 견고하지 않으면
맨살로 전투에 나가는 거고,
쏴서 맞힐 실력이 없으면
화살이 없는 것과 같고
무딘 화살촉은 있으나 마나입니다.

척후를 잘 살피지 못하면 눈뜬 봉사가 되며
장수가 용맹하지 못하면 차라리 없느니만 못합니다.

준비된 것을 완전히 내 것으로 만들어야
실전에서 자유롭게 사용할 수 있으니

화려한 중국 무술이 실전에 소용이 없는 건
날아오는 주먹에 눈이 없고
약속대로 움직이는 대련이 아니기 때문이죠.

실전은 정석, 정답, 초식이 없습니다.

저마다의 루틴과 패턴, 기세와 흐름에
실력과 약간의 운이 작용할 뿐입니다.

기본기가 잘 훈련된 선수가
결국 링에서 오래 살아남고
이길 확률도 높습니다.

권투 선수 마이크 타이슨의
현역 시절 하루 연습량과
절권도 창시자 이소룡의
하루 운동 일과표를 보세요.

이 정도를 꾸준히 매일 몇 년간 해야
고수가 되는 것입니다.

고수가 되는 가장 빠른 지름길은
결국 기본기에 있습니다.
그 기본기를 갈고 닦는 것이
가장 쉽고 빠른 길이며
전투와 싸움에 임했을 때
제 실력을 발휘하기 편하고 쉬운 방법입니다.

쉽고 편한 싸움이란 바로 이런 뜻이 아닐까요.

이소룡 체육관 하루 일과표

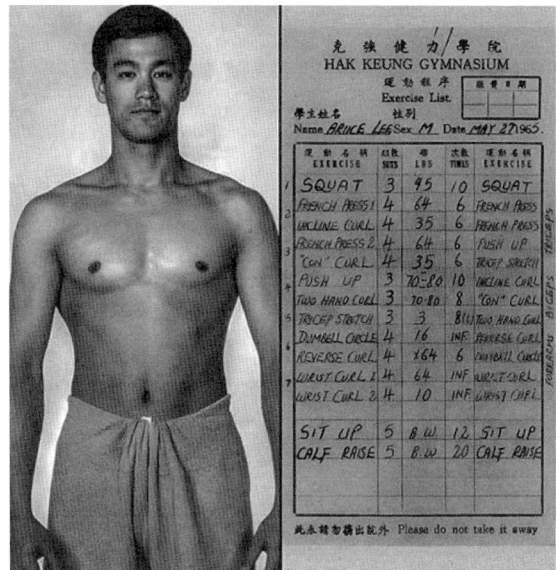

출처 : 구글

공부에 왕도가 없다는 얘기를 들어봤을 겁니다.
학문, 지식의 공부만 그런 것이 아닙니다.

모든 공부(공부, 무술), 싸움, 비즈니스,...
자신과의 싸움, 타인과 경쟁하고 성장하는
모든 것의 원리가 그렇습니다.

You should not follow the path may lead, go instead
where there is no path and just do it every day,
at last nobody can defeat you easily.

42. 스타트업 PMF Product Market Fit

땅의 형세는 전쟁에 도움이 되는 것이니
자기가 싸울 땅을 모르고 전쟁에 이기는 이는 없다.

제갈공명의 병법서 지세地勢편의 내용인데요.

부처 눈에는 모두가 부처로 보이고
돼지 눈에는 모두가 돼지로 보인다죠.

땅 이야기라면 투기꾼들에게는
솔깃한 알 박기 내부 정보로 들릴 것이고
입지Location를 중시하는 오프라인 비즈니스나
골목상권 사장님에게는 중요한 목으로 들리며
전쟁터의 장수들에겐 죽음의 링으로 들리겠죠.

저는 이런 땅 얘기, 지세에 관한 것을
스타트업과 비즈니스 리더를 위한
사업 전략과 리더십으로 풀어보겠습니다.

원문 내용에는 땅, 산, 숲, 계곡 등 지세에 따라
보병, 기병, 전차, 활, 창 등의 유리한
부대와 무기 편성에 대한 설명을 나열하고 있는데요.

장소의 유불리 특성에 맞는 자원과 군대의 운용은
적재적소를 강조하는 용병술처럼 보이지만
이건 조금 다른 각도로 볼 필요가 있습니다.

땅을 비즈니스에 비유하면 시장Market이겠죠.
지형지물에 맞는 리소스의 가위바위보 게임은
시장의 니즈에 맞는 가치를 제공한다는 측면에서
스타트업의 신제품과 서비스의 타당성을
평가하는 제품 시장 최적화Product Market Fit와 유사하며
기업 간(B2B) 고객 세일즈 프로세스로 진행되는
시장 진출 최적화Go-To-Market Fit와도 비슷해 보입니다.

이걸 좀 더 구분해 보면
내 제품이 시장의 니즈에 맞는지를 평가하는
제품 시장 최적화Product Market Fit는
내 아이디어와 기술, 콘텐츠로 구현된
제품과 서비스가 고객의 니즈에 맞는지를 보는
사용자 친화User Friendly에 중점을 두고 있으며,
시장진출최적화Go-To-Market Fit는
기업 고객의 구매 기준, 가치, 프로세스에 맞는
기업 친화Business Friendly에 초점을 맞춥니다.

대기업이라 할지라도 리소스가 유한하며
스타트업은 시간, 자원, 비용이 더 부족하죠.

생산, 연구개발R&D, 영업, 마케팅, 유통
경영관리, 인사, 전략, 재무 등등
어느 하나 중요하지 않은 게 없습니다.

제한된 리소스로 강약, 고저, 장단의
승패를 겨루는 가위바위보 생존 게임에서는
닭 잡는 데 소 잡는 칼을 쓰면 안 되고
누울 자리를 보고 발을 뻗어야 합니다.

제갈공명, 지혜의 리더십 • 199

신발이 발에 잘 맞으면 신을 신지 않은 듯 편하고
파트너와의 호흡과 결이 맞으면
생각과 행동이 일치하게 됩니다.

시장과 고객의 니즈에 맞는 제품과 전략은?
가만있어도 저절로 성장, 발전하게 되죠.

제품 시장 최적화 Product Market Fit와
시장 진출 최적화 Go-To-Market Fit가 맞다면

개념증명 Proof of Concept,
프로토타입 Prototype의 기술 증명
알파 테스트의 기능 증명
베타 테스트의 성능, 효능, 효용, 효율 증명
마켓과 사용자의 만족 Satisfaction, 가치 증명까지
남은 건 언제 폭발적으로 성장 발전할 것이냐?
결국 남은 건 시간 문제.

'핏 Fit과 결이 맞다'는 건 어떤 의미일까요?

옷을 고를 때도 핏^{Fit}을 보는데요.

용도, 가격, 질감, 색, 디자인을 고른 다음에
대부분 마지막에 핏^{Fit}을 맞춰봅니다.
그래서 핏은 '맞다, 안 맞다'라는 표현을 쓰지
'틀렸다, 잘못되었다'라고 말하지 않습니다.

사람들은 착각합니다.
무형이든 유형이든 자산^{Asset}을 쌓으면
자동으로 자본화^{Capitalizing}되는 줄 압니다.

좋은 기술^{Technology}만 있으면
자동으로 돈이 되는^{Monitize}줄 착각하며
제품^{Product}과 서비스^{Service}를 만들어 놓으면
저절로 상용화^{Commercialize}된다고 여깁니다 .

명제는 증명하고, 가설은 검증하는 것이지만
새로운 자산, 기술, 제품/서비스는
시장의 니즈에 피팅^{Fitting}하는 겁니다.

제 잘났다고 혼자 따로 놀거나
게으름에 멀리 뒤처지면
'노답'입니다.

신발이 발에 딱 맞으면 발의 존재를 잊게 되어
신발과 발이 하나가 됩니다.

시장과 제품, 회사, 고객을 하나로 일치시키니
최고의 전략이자 리더십이라 생각합니다.

제갈공명 심서 지세地勢편의 내용을
한 글자로 줄이면 '도울 조助'입니다.

단순히 상황이 나한테 유리하냐, 불리하냐가 아니라
내 상황과 보유 자원, 군세, 전략에 도움이 되도록
땅의 형세에 맞춰 잘 활용하라는 겁니다.

보통 뭔가 새로운 일을 할 때 흔히들 그 바닥의
현장 전문가에게 조언을 구하라고 합니다.

이때 전문가가 알려주는 시장의 정보가
바로 지세地勢 입니다.
(책으로만 배우고, 위에서 지시만 해봤거나
돈으로 갑질만 해본 사람은 전문가에서 제외.)

시장과 고객은 답을 알고 있습니다.

다만 진실을 말해주지 않을 뿐이죠.

누군가 술자리 건배사를 우문현답이라고 했는데
명언입니다.
몸과 마음, 머리로 외워둡니다.

"우문현답 : 우리의 문제는 현장에 답이 있다."

43. MBTI 리더십

죽은 공명이 살아있는 사마중달을 물리쳤다는
전설 같은 얘기를 한 번쯤 들어보셨을 겁니다.

이번 얘기는 그 전설의 이론적 배경 같은 건데요.
자세히 들여다보면 현대 MBTI와도 유사합니다.

MBTI는 개인의 패턴화된 선호 경향성을
에너지의 방향Extra/Introversion,
인식의 방식Sensing/iNtuition,
결정의 방식Thinking/Feeling,
생활의 방식Judging/Perceiving으로
분류하는 일종의 성격 유형 검사인데요.

제갈공명의 병법서 심서 정세情勢편에서는
상대편 적 장수의 성향, 성격, 성정 등을 파악해
전투에 잘 이용하라고 설명하고 있습니다.

성향, 성정, 성격은 비슷하지만 조금씩 다른데요.

성향性向은 개인의 타고난 기질과 개성,
성정性情이란 감정, 태도로 나타나는 성질, 심정,
성격性格이란 개인의 고유한 성질이나 품성으로
Tendency/ Character/ Personality로 혼용됩니다.

MBTI와 제갈공명이 중점을 두는 부분은
선호도, 기질, 성격, 페르소나Persona 등입니다.
특정한 패턴을 이루는 상대의 마음과 성격은
거기에 걸맞게 다루는 방법, 대처하는 방법
공격하고 승리하는 방법이 있다는 것입니다.

상대의 성격에 따라 대처하는 방법이나
만만히 보이지 않고, 상대를 공략하는 법 등은
이론을 안다고 그대로 할 수 있는 건 아니지만
상대와 자신의 성격이 어떤지를 알고 대처하면
넋 놓고 계속해서 당하지는 않게 됩니다.

여기서도 결국 지피지기知彼知己가 중요합니다.
적을 알고 나를 아는 건 모든 것의 기본이죠.

그럼, 제갈공명식 MBTI 공략법을 들여다볼까요?

죽음을 가볍게 여길 정도로 용맹한 상대는
성질을 돋워 사납게 만들어서 대처하고,

행동이 앞서고 마음이 조급한 상대는
질질 끄는 지구전엔 제풀에 지쳐 떨어지며,

탐욕이 있는 상대에겐 뇌물을 줘 버려라!

착해서 모질지 못한 상대는 피곤하게 만들고

지혜로우나 겁이 많은 상대는 뭔가 거북하고
부족하게 만들어 쉽게 움직이지 못하게 하며,

꾀가 많지만 게으른 상대에게는 갑작스러운
공격으로 놀라게 해 정신을 못 차리게 하라
~라고 설명하고 있습니다.

원문 내용을 좀 더 풀어서 보면

장수나 리더가 용맹하다고 무작정 좋은 게 아니고
지나치면 오히려 포악해져 앞뒤 구분을 못 합니다..

바쁘고 열심인 리더가 혼자 마음만 급해지면
조직이 못 받쳐주고 지구전에 스스로 무너지죠.

윗물이 맑아야 아랫물이 맑은 법인데
조직의 리더가 개인의 사적 이익을 추구하면
조직원도 똑같이 따라 하게 되어
개인뿐 아니라 조직도 폭망합니다.

리더는 때론 칼 같은 결정도 내려야 하는데
너무 어질고 착해서 꾹꾹 참기만 하다가는
조직 전체가 그 피해를 감수하게 됩니다.

지혜로운 이가 조심스러움이 지나치면
겁이 많아져 디테일의 완벽성을 추구하다가
실기失期(때를 놓침)하는 경우가 많죠.

똑똑한 자기 머리만 믿고 게으름을 피우다가
뜻밖의 반격을 허용하면 치명타가 됩니다.

MBTI 16가지 성격 유형에 어떤 성격이
더 좋다 나쁘다 이런 건 없습니다.

세상에 존재하는 모든 것에는
장점과 단점Pros and Cons이 존재하기 마련.

동전에 양면이 존재하듯이 드러난 부분과
보이지 않는 이면, 장단점이 동시에 존재하죠.

하나의 현상에는 여러 상태가 동시에 존재하는
양자중첩Superposition이 되어 있고,
관찰자의 입장에 따라 시간과 공간이 달라지는
동시성의 상대성Relativity of Simultaneity
현상이 필연적으로 발생하게 됩니다.

그래서 우리가 살아가는 특정 공간과 시점에선
우린 어느 한쪽만을 바라볼 수밖에 없게 됩니다.

제갈공명, MBTI, 리더십 얘기하다가
동시성, 특수상대성이론, 양자역학...
갑자기 뭔 소린가 싶으시죠?

이는 상대방의 스타일, 성격에 따라
대응하고 공략하라는 내용처럼 보이지만

좀더 깊이 들어가 보면
성격의 장단점은 우리 모두 똑같이 가지고 있으니,
자신의 보이지 않는 면을 인식하라는 점과
성격 같은 건 쉽사리 고칠 수 있는 게 아니라서
알면서도 당하기 쉽다는 점입니다.

쉽게 말해 칼에는 눈이 없으니
남을 벤 칼에 자기도 베일 수 있고
날이 선 칼은 조심히 다뤄야 한다는
결국 '마음의 칼' 이야기로,
리더의 중요성을 강조해 봅니다.

용장, 지장, 맹장, 덕장 ....

화려하고 멋있는 말처럼 보입니다.

그러나 세상 모든 것에는 양면이 있으니
화려한 겉모습 뒤에 숨겨진 이면을 알고
보완하는 게 조직 리더의 자기관리입니다.

스스로 용맹하다고 생각하는 이는
성질머리부터 좀 죽여야 하고,
바쁜 게 열심히 사는 것이라는 워커홀릭은
동료, 조직, 상대와 완급을 조절해야 하며
성공, 목표와 이익을 좇는 이는
공과 사를 구별할 수 있어야 합니다.

어진 이는 맺고 끊는 걸 분명히 해야 하고
지혜로운 이는 경제적 자유부터 갖춰 놔야
사상과 행동의 자유가 있음을 인식해야 하며
자기 머리만 믿고 꾀부리는 이는
막판 초치기하지 말고, 미리미리 움직이셔요!~

제갈공명 병법서 심서心書, 췌능揣能편이
상대장수의 능력을 헤아리는 것이었다면
이번 편은 상대의 성정性情을 헤아리는 내용입니다.

성정은 결국 하나의 패턴일 뿐이고
패턴화된 것에는 대응 솔루션이 생기게 마련이죠.

상대의 성정을 잘 이용하라는 것과
스스로의 성정에도 너무 얽매이지 말고
잘 관리하라는 게 제갈공명의 메시지입니다.

이야기의 주제가 사람, 마음, 리더십인데
사람을 상대하고, 상대의 마음을 다루는 방법이라
쪼금 조심스럽네요, 악용의 소지도 좀 있지만 …

안다고 쉽게 따라 하는 게 아니며,
소는 아침 이슬을 먹고 젖을 만들지만
뱀은 독을 만들어내는 건 자연의 이치,
공부한 걸 어떻게 사용하는지는 각자의 몫이고
뿌린 대로 거두는 게 불변의 법칙입니다.

44. 핫바지를 벗은 힘숨찐

'옛날에 내가 살던 동네에 말이지'...로 시작되는
도시 전설 스토리에는 항상 등장하는 단골이 있죠.

GPT Content by Author Prompt

양아치, 바보형 그리고, 동네북, 어깨 …

판에 박힌 듯 유사한 이들 스토리 전개는,

옛날에 우리 동네에 성질 더러운 양아치가 있었는데
매일 나쁜 짓을 하며 온 동네를 휘젓고 다녔었다.
어느 집에 소심한 동네북이 살고 있었어.
이놈 저놈 자기들 맘대로 동네북을 건드리곤 했는데,
유독 양아치의 괴롭힘이 심했었다.
어느 날 동네에 전국구 어깨들이 이권을 노리고 들어와

동네 사람들을 쫓아내고 동네북을 죽도록 패다가
마지막 순간 힘과 정체를 숨기고 있던 바보형에게
개 맞듯이 처맞고 쫓겨갔다는 클리셰^{Cliche}.

도시 전설, 우리 동네 얘기를 들으면 도대체 얼마나 많은
전직 킬러, 전설의 조폭, 특수부대 출신 고수들이
힘숨찐의 바보형으로 살고 있는지 알 수가 없죠.

어쩌면 이것은 현실도피의 또 다른 판타지일 수도 있지만
실제로 강호엔 고수들이 강가의 모래알처럼 많습니다.

물론 하수들이 이보다 100배쯤 더 많은 게 현실 ~.~

이번에는 개인, 조직, 군대, 국가의 차원에서
양아치, 힘숨찐, 동네북, 어깨들 스토리를 비교해
힘숨찐은 잘못 건들면 큰일 나니까 조심하고
동네북이 되지 말라는 제갈공명의 글입니다.

제갈공명이 말하는
싸움을 걸어도 되는 만만한 그런 국가나 군대

동네북처럼 맘대로 함부로 해도 되는 적敵들은
병사들은 대부분 늙고 양식은 다 떨어져 가며,
백성들은 먹고 살기에 급급해 국가를 원망하고
군대의 명령은 프로토콜Protocol이 없어 지켜지지 않으며,
병장기와 무기들은 손질할 여력이 없어 녹슬어 있고
내일이 없는 이들에겐 미래에 대한 계획조차 없으며,
외부에서 원조해 줄 세력이나 친한 곳이 없다.

법과 규정의 잣대를 내로남불로 적용하고
상賞과 벌罰이 가볍고 해이하다는 건
장수와 관리들 즉, 조직이 썩었다는 얘기.

진지와 병영을 구축할 때 우왕좌왕하고
한두 번 싸움에 이겼다고 교만해져 있는 적은
지금 치면 반드시 이긴다고 설명합니다.

이런 군대, 조직, 국가가 바로 동네북이죠.

반대로 힘을 숨기고 있는 강력한(힘숨찐) 조직에서는
어질고 능력 있는 이들이 C-레벨C-Level과 팀의 리더를 맡고
자원(돈, 인력, R&D, 경험 등)이 여유 있게 관리되며
무기(제품, 기술, 역량)들이 탄탄하고 예리하며
사방에 도와줄 힘 있는 세력들과 관계가 좋습니다.

제갈공명 병법서 심서心書, 격세擊勢편에서 말하는
적을 칠 수 있는 형세, 격세擊勢란
남에게 쉽게 무시당하고 공격받는 조직의 유형입니다.

국가, 군대, 조직뿐 아니라 개인도 마찬가지.

누군가가 나를 함부로 무시하고
집적대고 깝죽댄다면 혹시 내가 그런 빌미를
주지 않았는지 살펴봐야 합니다.

한번 사는 인생 폼나고 멋지게 살진 못하더라도
동네북이나 호구로 살아서는 안 되겠죠.

타짜는 일반인을 노리지 않습니다.
호구만 처절히 노립니다.
힘숨찐으로 살진 못하더라도
호구, 동네북은 되지 말아야겠습니다.

상식적으로 이해가 안 될 수 있지만 세계 역사에는
성장 잠재력이 높은 조직이나 국가를 동네북이나
호구로 전락시킨 이상한 리더들이 있어 왔습니다.

깜냥이 안 되거나 무능하다면 그나마 다행이지만
조직을 다 망가트려 엉망으로 만들어놓고
자기만 혼자 먹튀 하는 황당한 경우가 많았으며
과거뿐 아니라 현재에도 진행 중인 역사입니다.

보자 보자 하니까 보자기로 봅니다,
오냐오냐하니까 핫바지로 봅니다,
가만히 있으니까, 가마니로 봅니다.

영화 타짜에서 아귀의 명대사가 있죠.
"내가 빙다리 핫바지로 보이냐?"

45. K-POP 칼군무와 당나라 군대

요즘 글로벌로 영향력이 점점 커지는 K-팝K-POP에는
'칼군무'라는 특징이 있는데요.

그룹 멤버들의 춤이 한 치의 오차도 없이
딱딱 들어맞는 절도 있는 춤사위를 말합니다.

이걸 엉성하게 따라 하면 팀 전체가 망가지며
단체로 추는 막춤 또는 관광버스 춤이 되죠 :-)

인간은 누구나 평등하지만
조직에는 위아래의 규율이 존재하고,
개인의 사상은 언제나 자유롭지만
조직의 비전에 맞는 방향성이 뒤따르죠.

그래야 조직이 돌아가니까요.

인간 세상에서는 아무리 스페셜리스트,
전문가, 1인 조직이라 하더라도
자신이 속한 사회와 무관할 수 없습니다.

오합지졸烏合之卒이라고 하면 '당나라 군대'를 말하는데요.
(烏合之卒 까마귀가 모인 것처럼 질서가 없다.)

쉽게 말해 군기가 빠지면 '당나라 군대' 되는 겁니다.

제갈공명은 심서 정사整師편에서
훈련되지 않은 오합지졸은 백만 군사가 있어도
반드시 패배한다고 말하면서,

훈련이 잘된 정예병들은
평소에 예의가 바르지만,
전쟁터에선 포스Force를 풀풀 날리고
나아감에 막을 자 없고
물러섬에 공격할 수 없다.
앞과 뒤, 좌우가 서로 보완하니
합치게는 만들어도 떨어지게는 할 수 없고
작전을 써도 그 힘을 다 소진하게 만들 수 없다.
~라고 설명하고 있습니다.

제갈공명은 전쟁터에서 적의 군사들이
군기가 빠짝 들고 훈련이 잘된 정예병이라면
공격과 작전이 잘 먹히지 않는다는 뜻이니
함부로 전투를 벌이지 말라고 충고합니다..

훈련을 실전처럼 반복하고
상하 간 전후좌우 합이 맞아서
일사불란하게 움직이는 정예군이 되면
실전은 훈련의 연장일 뿐.

이러한 정예병들을 보유한 조직의 장수는
전쟁터에서 다양한 전략을 구사할 수 있는데요.

나아갈 때는 질풍같이 날쌔고 기여질풍其疾如風
가만히 있으면 숲처럼 고요하며 서여림徐如林
공격할 때는 불처럼 맹렬하고 침략여화侵掠如火
수비할 때는 산처럼 굳세며 부동여산不動如山
숨을 때는 어둠처럼 은밀하고 난지여음難知如陰
습격할 땐 벼락이 치듯 하니 동여뇌정動如雷霆

이른바 풍림화산음정風林火山陰霆이라
적의 백만대군이 두렵지 않습니다.

(무협지에서 들어봤던 풍림화산은
일본 전국시대 장수 다께다 신겐을 추앙하며
후대 소설에서 만든 무협 풍 사자성어로
손자병법에서는 풍림화산음정이라 합니다.)

문제가 생기면 깃털만 뽑아서 보여주고
혼자만 살겠다고 꼬리를 잘라 도망가는
생존력 강한 파충류 같은 거대 조직들도
군기 빠진 '당나라 군대'로 전락하면
개판 5분 전 되는 거 순식간이죠.

권력과 이권에 취해 모여든 무리는
오합지졸烏合之卒 '당나라 군대'와 같아서
이합집산離合集散 모였다가 곧 흩어지고
각자도생各自圖生 혼자만 살려고 하다가
나락직행奈落直行 단체로 나락 갑니다.

46. 조직을 망치는 리더

두장蠹將(좀벌레 같은 장수)편에서는
전투와 조직을 잘못 지휘한 리더를
좀벌레에 비유했는데요.
내용을 현대적으로 요약하고 풀이하면,

상호 간에 예의를 지키도록 리더가 유도하고
옳은 것을 서로 권하도록 시시비비是是非非를 가려내며
신뢰가 구축되도록 신상필벌信賞必罰을 공정하게 못 하면
리더가 조직을 망치고 좀먹는 좀벌레가 된다.

뭐 대략 이런 내용이네요.

어느 조직이나 좀벌레는 있기 마련이지만
문제는 리더가 좀벌레라면 큰 일이죠.

두장蠹將편에서 제갈공명이
제일 중요하다고 말하는 문구는
나아가고 물러남, 즉 진퇴進退(나아갈 진, 물러설 퇴)인데요.

나아갈 때와 물러날 때를 알아야 하고
일단 물러나고 나면 조용히 삼가야 하며
앞으로 나아감에 금기사항을 미리 정해 놓고
스스로 조심해야 한다고 합니다.

적절한 때를 알면 최고의 리더라 할 것이요,
더 멀리 뛰기 위해 한 발 뒤로 물러나
조용히 힘을 키우는 이는 현명하며,
나아가 승리를 취하고 성공 가도를 달리더라도
금기사항을 정해 스스로를 돌아보는 리더는
안에서든 밖에서든 쉽게 패하지 않습니다.

용인술의 핵심은 사람의 마음을 얻는 것이지만
용병술의 핵심은 적재적소適材適所를 실천하고
진퇴進退를 관리Management하는 것입니다.

하늘의 그물에는 틈이 있어도 벗어날 수 없고
얼기설기 쳐진 거미줄은 절대 엉키지 않으며,
곧은 벼리줄이 넓게 펴지는 이유가
바로 나아감과 물러섬을 조절함에 있습니다.

옛날에 어른들이 이런 꾸지람을 하셨더랬죠
'이런 앞뒤 분간도 못 하는 미련한 놈.'

그렇습니다.
나아가고 물러날 때를 아는 건 둘째 치고

자기 앞가림도 못하고
자기가 한 일의 뒤처리도 제대로 못 하면

리더 노릇은 고사하고
사람 구실도 못 하는 미련한 놈이 되어
조직을 갉아 먹는 좀벌레가 됩니다.

47. 팀의 사기를 높이는 리더십

용인술과 용병술Missionary vs. Mercenary.

일반적으로 모든 회사는 직원들을 격려하고
팀의 사기를 진작시키는 프로그램들이 있죠.
다들 '인사가 만사'人事萬事라고 말하며
사람이 제일 중요하다고 강조하니까요.

이걸 좀 분류해 보면
승진, 급여, 보너스 등 성과보상제도,
교육, 자기 계발, 멘토링 등 역량강화제도
의료비, 학자금, 휴가, 취미 등 복지 지원제도
워크샵, 동호회, 칭찬 등 커뮤니케이션강화
등으로 나눌 수 있습니다.

제갈공명은 심서心書 려사勵士편에서
군사를 잘 쓰는 용병지도用兵之道를 설명하며,
벼슬을 높여주고, 재물을 넉넉히 주며
자리에 맞게 예우해 주고 신의로 격려한다.

평소에 은혜를 베풀어주며
규칙과 법을 공평하게 적용하고
리더가 솔선수범하여 모범을 보이며
소소한 일이나 성과에도 상을 준다면
군사들이 서로 열심히 잘하려고 애쓴다.
~라고 설명하고 있습니다.

현대의 인사복지시스템과 거의 유사하죠.

여기에 조금 사족을 붙이자면
인간이라면 누구나 지닌
인지적 편향Cognitive Bias오류로 인해
이성적 논리보다 감정적 자극에 대한 기억이
더욱 강렬하고 오래 남는다는 겁니다.

즉 인간은 절정의 순간과 마지막 순간,
이 두 시점의 감정 경험에 좌우된다는 거죠.

그렇다면
베풀 때는 감동을 할 만큼 크게 베풀고
마지막 마무리를 잘 해야 한다는 건데요.

그럼, 끝마무리를 잘하는 방법은 두 가지.
안 좋은 상황으로 마무리될 때는
처음보다 끝이 덜 고통스럽게
좋은 상황으로 마무리될 때는
처음보다 끝을 아주 좋게 끝내야겠네요.

평소에도 잘하며 솔선수범하는 리더가
사람이 지닌 감정 기억의 편향 법칙까지 활용하면,
(피크엔드의 법칙Peak-end Rule)
팀원들을 용병Mercenary이 아니라
스스로 열일하는 전도사Missionary로 만드니,

사람의 마음을 얻는
용인술用人術의 경지에 이르게 됩니다.

GPT Content by Author Prompt

이런 조직은 아무도 건드리지 못하는
막강한 언터처블Untouchable이 되고,
직원들은 일을 즐기게 되며
회사는 다닐 맛이 나게 됩니다.

당연히 쉽지 않겠죠?

소규모 팀이나 스타트업이라면
어느 정도 가능성이 있어 보이지만
대규모 조직에서는 어려울 듯합니다.

그래서 역사적으로 모든 드림팀은
분야를 막론하고 10명 내외인가 봅니다.

48. 어벤져스, 어셈블^{Avengers, assemble}

마블 영화 엔드게임Endgame을 보다가 캡틴이
"어벤져스 어셈블 Avengers, assemble!"
이라고 외치는 그 순간
우주최강 타노스Thanos도 깜짝 놀랐고
저도 소름이 쫙~ 돋았습니다.

출처 : 디즈니 마블영화 어벤져스 엔드게임

히어로든 보통 사람이든 간에
사람들이 뜻에 따라 모여들면
소위 세勢를 형성하게 되는데
이때 명분에 강한 힘이 실리게 되면
포스Force나 위엄威嚴을 보이곤 하죠.

사람의 마음을 얻어 인재를 규합한 다음
리더가 중심점을 잡고
지렛대의 작용점을 정확히 포착하면,
힘의 선택과 집중을 제대로 발휘하게 되는데요.
세력을 잘 이끄는 리더는
확실한 비전과 목표를 명분 삼아
흔들려도 중심을 바로잡는 구심점이 되었으니
언제 어떤 상황이 와도 두려워하지 않게 되며,
적은 힘으로도 큰 돌을 굴릴 수 있으니,
다윗이 골리앗을 쓰러트린 게 운이 아닙니다.

세상 만물에는 생성과 소멸의 과정이 있고
변화와 흐름을 일으키는 원인이 있으니,
사람의 세력과 힘에 대해 심인審因
(인과관계와 요인을 잘 살핌)하라는
제갈공명의 이야기가 지금도 틀린 게 없네요.

돈 때문에 모이면 돈 때문에 흩어집니다.
세력이 많아도 오합지졸, 당나라가 되는 건
명분이 거짓이고, 리더의 구심점이 없으며
지렛대가 아니라 짱돌을 던지기 때문입니다.

Art of Leadership

III. 인ᄉ

천지인의 삼위일체 중에서 인ᄉ은 '준비'를 목적으로
리더의 기질, 자질, 마음가짐, 역량, 성격, 자아 성찰, 마인드 등
사람이 중심이 되어 천지天地와 삼위일체를 이룹니다.

49. 리더의 그릇

제갈공명의 병법서
장기將器(장수의 그릇)편입니다.

군자의 그릇은 비어 있는 대로
그 효용이 생기지만,
장수와 리더의 그릇은 크기와
모양으로 그 효용을 구분합니다.

열 명의 병사를 거느리는
'십부지장十夫之將'이란,
현대로 표현하면 '과장課長'급이며,
소기업으로 보면 연 매출 10억 원 규모의
프로젝트나 사업의 책임자라고 생각할 수 있습니다.

간사하게 굴지 못하도록 해
사람들이 두려워 복종한다고 하였으니,

장수로서의 기본은 갖추었고
사장으로 치자면 직원 봉급은 매달
꼬박꼬박 챙겨주는 것으로 비유해 봅니다.

한두 가지 재주는 지녔으나
전략, 전술을 펼치거나
숲을 바라보는 관점은 아직 부족한
정도라고 하겠습니다.

백 명의 병사를 거느리는
'백부지장百夫之將'이란
대기업 '부장部長'급이나
중소기업의 임원급으로 생각되며
연 매출 100억 원 규모라고 비유해 봅니다.

직원들과 동고동락하면서
솔선수범하여 모범을 보이면서도
상대방의 말을 자세히 살핀다고 했으니
이런 분들은 아마 직원 100명의 이름과
부하 병사들의 신상 명세까지
외우고 있을 게 분명합니다.

이런 리더들은 비록 화려한 언변과
강력한 전투 능력은 없을지라도
전체 조직을 하나로 응집시켜
단체의 힘이 발휘되도록 한다고 생각합니다.
(이 정도만 해도 현실에서는 과분한 리더일 듯)

천 명의 병사를 거느리는
'천부지장千夫之將'이란
대기업 '임원'급이나
연 매출 1,000억 원 규모의
중견기업 대표라고 생각되는데요.

심성이 바르지만,
생각은 유연해서 전략에도 밝고
전투에 능하며 용맹으로 적을 위협하니

적이 그의 이름만 들어도 두려워한다고 하네요.
(실제 이러면 얼마나 좋을까요? ㅠ.ㅠ)

만 명의 병사를 거느리는
'만인지장萬人之將'이란
연 매출 1조 원 규모의
대기업 대표이사라고 할 수 있겠네요.

얼굴은 포커페이스Poker Face에
가슴 속에는 용광로가 흘러넘치지만,
병사의 노고와 굶주림, 추위까지
찬찬히 살필 줄 아는 장수 밑에서는
군사들이 제 목숨 아까운 줄 모르고
죽을 듯 싸우지 않을 수 있을까요?
(어딘가 이런 리더가 있다고 소문나면
현실에서는 인재가 몰리는 대박 터트릴 듯.)

십만 명의 병사를 거느리는
'십만인지장十萬人之將'이란
연 매출 10조 원 이상의
글로벌 기업이나 그룹사 대표 정도가
아닐까 합니다.

현명한 이를 가까이하고
능력 있는 이를 본받으며
매일 스스로 삼가며 절제하되
성실하고 관대하여 믿을 수 있는 이라면
변방의 변란이나 시장의 위기 정도는

소위 '껌'인 것이 당연한 능력자입니다.
(음...현실에서는 비유로 들만한 적당한 인물이...)

마지막으로는
'천하지장天下之將'이라 말하는데

조직 내에서 상하가 어질고
사랑하여 서로 화합하고,
신뢰와 의리만으로도
이웃 나라가 알아서 굴복하며,
위로는 하늘의 뜻을 깨달아
중간에는 사람들을 두루 살피며
아래로는 땅의 이치까지 알아서

천하의 일을 마치 자기 집안일처럼
돌보는 이를 '천하를 다스리는 장수'
천하지장天下之將이라 부릅니다.
(이런 분의 그릇은 천하를 담고 있네요.)

그릇이 안 되는 이가 리더의 자리에 앉으면
모두가 쪽박을 차게 되며,
명예와 성공을 탐하는 욕심은 끝이 없으니
제 밥그릇을 챙기는 리더 밑에서는
밑 빠진 독에 물이나 부어주다가 끝납니다.

거지의 그릇은 구걸로 채워지지만,
리더의 그릇은 무엇으로 채워질까요?

여러분의 그릇은 과연 어떠한가요?

50. 리더의 뜻, 칼의 노래

장수의 뜻은 무엇에 두어야 하는가?
리더의 뜻은 어디에 두어야 하는가?
'칼의 노래'란 어떤 의미인가?

제갈공명의 병법서
심서心書 장지將志편에서
'장수의 뜻'을 공부해 봅니다.

칼은 사람을 죽이는 흉기이니
이를 다루는 이를 무사武士라 하고,
병사 또한 사람을 죽이는 흉기凶器이니
병사를 다루는 장군의 임무는
지극히 위중危重합니다.
(위태롭고도 두려움이 드는 막중한 것.)

위중한 임무를 아무한테나 맡기면
어찌 될까요? 한 마디로 난리 납니다.

기업에서 리더의 역할도 마찬가지입니다.

자원과 재원을 잘못 쓰면
인재들이 퇴사하고 프로젝트를 날립니다.

작게는 돈을 허비하게 되며,
크게는 회사를 망하게도 합니다.

모든 자리에는 그 맡은 바 임무가 있죠.

백정의 칼은 소를 잡아 뼈를 가르고,
요리사의 칼은 살을 발라내며,
병사의 칼은 사람을 죽이는 것입니다.

강한 힘을 가지면 누구나 드러내고 싶겠죠.
칼이 칼집에 가만히 있고 싶겠습니까?

무사武士가 자신의 강함과
무기를 과시하고 싶은 건 당연합니다.

그래서 장군의 자리를
위태로운 자리이자 임무라고 말합니다.

칼을 뽑을 때는 신중하되
한 번 뽑으면 산천을 울려야 합니다.
함부로 칼 뽑는 거 아닙니다.

칼이 뽑힐 때는 적군을 칠 때와
역적을 잡을 때뿐입니다.

괜한 민간인 때려잡으면서
자신의 힘을 과시해서는 안 됩니다.

예로부터 '장수 노릇'을 잘하는 장군은
강함을 함부로 드러내지 않고
세력의 강함에 의지하지 않으며
총애를 받아도 기뻐하지 않고

욕됨을 당해도 놀라지 않으며
이득을 보고도 탐하지 않고
미인을 봐도 음란하게 굴지 않으니
그저 나라를 지키는데 칼을 쓸 뿐입니다.

그것이 칼을 든 장수의 뜻이며
'칼의 노래'의 본질인 것입니다.

강한 것은 부서지기 마련이고
세력이란 금세 흩어질 수 있으며
명예란 잠시의 뜬구름 같은 것입니다.

또한 욕된 짓을 하지 않았다면
욕된 순간이 와도 욕되게 여기지 않습니다.

모래알처럼 흩어질 이득을
혼자 다 챙겨서 뭐 하겠습니까.

죽을 때 돈 끌어안고서
더럽혀진 이름을 남기고 싶습니까?

사랑하지도 않은 미인을 품었던 이들의
허망한 결말을 진정 모른다는 말인가요?

무사의 칼은
무고한 생명을 지킬 때만 뽑히고
장수의 칼은
나라를 지킬 때만 뽑히는 것입니다.

기업에서 리더의 칼이 뽑히는 경우는
부하를 지킬 때와
시장을 공략할 때 아닐까요?

"남자는 칼을 함부로 뽑지 말고
여자는 아무에게나 눈웃음치지 마라."

"남자는 자신을 알아주는 이를 위해
죽음을 불사하고
여자는 자신을 사랑하는 이를 위해
화장을 한다"라고
했던가요?

생각해 보면 이것도 성별의 역할을
구분 지었던 지나간 옛말일 뿐
현시대에서는 자기 뜻을 세운 이
모두가 장부丈夫이자 리더일 것입니다.

리더의 뜻은
조직과 팀원의 성장에 힘씀에 있고
요리사의 뜻은
맛있는 음식으로 건강, 기쁨,
행복을 나눔에 있으며,
상인**商人**(사업가)의 뜻은
세상을 이롭게 하는 제품과 서비스를
만들어 판매해 함께 나누는 것이라는
생각을 해봅니다.

여러분의 뜻은 어디에 두고 계시는지요?
(소원 비는 거 말고 ㅠ.ㅠ 뭐가 됐든
스스로 '뜻志(지)'을 세우시길…)

51. 리더의 인간성 알아보기 -1

제갈량의 심서心書 중에
지인성知人性(성품을 아는 법)편에서
사람의 성품을 알아보는
일곱 가지 방법을
이야기해 보겠습니다.

전쟁터에서 '장수의 성품'이란
직장에서 '리더의 성품'이라고도
할 수 있겠습니다.

―――――

첫 번째로 지(志 뜻)를 말합니다.
옳고 그름을 물어보고
상대방의 뜻을 살핀다는 것인데요.

(먼저 뜻을 세우십시오..
나머지는 그다음입니다.
결정 장애는 뜻을 세우지 못해서 생깁니다.)

옳고 그름을 물어 상대의 뜻을 살핀다는
이 문구를 통해서 우리는
뜻(志)이란 과연 무엇인가 알게 됩니다.

세상에 태어나 스스로 걸어갈 길을
정하지 못한 사람들에겐
'옳고 그름'이란 그저
변화하는 상황에 따른 자기합리화에
지나지 않게 됩니다.

뜻(志)의 진정한 가치는
스스로 뜻을 세워
'옳고 그름의 기준점'이 된다는 것에 있으니,
무엇이 옳고 그른가에 대한
시시비비是是非非는
그다음 문제라고 생각되는군요.

―――――

두 번째는 변變(변하다)입니다.

상황과 변론으로 상대를 궁지에 몰아넣고
변화에 대처하는 것을 살핀다는 것인데요.

(변수는 항상 발생합니다.
어느 구름에 비가 들어 있을지 모르니
변화 관리를 잘해야겠죠?)

원칙만 지키고 있다고 해서
이미 발생한 문제가
저절로 해결되지는 않습니다.

전쟁 시에 장수의 마음가짐은
변화에 대한 발 빠른 대처와
위기관리 능력으로 나타남으로써
군사들의 생목숨을 좌지우지하게 됩니다.

운전을 예로 들어 설명하면
혼자만 규정 속도를 지킨다고 해서
안전운전을 하는 것이 아니요,
능수능란한 끼어들기(속칭 칼치기)의
달인이라고 해서
운전을 잘한다고 말할 수는 없으니,
어떤 상황에서라도 빠르고

유연하게 대처할 수 있는
'방어 운전'과 비슷하다고 생각합니다.

―――――
세 번째는 식識(지략)입니다.

전략, 계략, 모략과 같은 것을 물어보아
상대방의 식견識見(학식과 견문)을
살핀다는 것인데요.

(똑똑하다고 공부 잘하는 거 아니고
많이 안다고 현명한 게 아니다.
아는 것을 펼칠 수 있어야 한다)

전쟁터에서는 승리를 위한
갖가지 전략과 모략이 펼쳐집니다.

이때 상대방의 전략과 전술을 보고
이를 간파할 수 있을 만한 수준의

학식과 견문을 갖추고 있어야 한다는
뜻인 것 같습니다.

그런데 굳이
'식識'이 장수의 재질이 아니라
'장수의 성품'을 살피는데 설명되는 것은
학문, 교육이 사람의 성품에 영향을 미치듯
전쟁에 필요한 학식과 견문 또한
장수의 성품에 큰 영향을 준다고
제갈량은 생각했나 봅니다.

저는 식識을 성품보다는
재질과 노력으로 보고
이를 해석하면
'적의 전략과 전술, 모략을 간파할 수 있는
분별력'이라고 생각해 봤습니다.

52. 리더의 인간성 알아보기 -2

제갈공명이 지은 병법서이자
현자들의 3대 비서秘書라는 심서心書 중
군대와 조직, 리더와 장수의 인성을 알아보는
지인성知人性편의 후반부를 해석해 봅니다.

사람을 아는 일곱 가지 방법이라는
지인지도知人之道의 네 번째는
바로, 용勇(용기)입니다.

(용기와 만용은 다른 겁니다)

피할 수 없는 재앙이나 난리와 같은
어려운 상황을 미리 알려주고
이에 대처하는 상대방의 용기를
살피는 것이 핵심입니다.

바다에서 풍랑을 만나 배가 난파되기 전에
그 위기를 가장 먼저 간파하고
탈출하는 것이 바로 쥐mouse입니다.

동물의 본능적 위기감각이기는 하지만
풍랑에 빠져 죽는 건 매한가지입니다.
오히려 제일 먼저 죽게 되지요.

용기勇氣란 사실
뭔가 대단히 큰 도약이 아니라
그저 '한 걸음의 내딛음'일 뿐이다.

다만 작은 그 한 걸음이 바로
절망, 절벽, 죽음이라는
결단의 사선死線에서 내디딘다는 것일 뿐.

그래서 용기勇氣란 어찌 보면
그저 작은 한 걸음처럼 보이지만
또 어찌 보면
위대한 족적足跡을 남기는가 봅니다.

용기 없는 자를 리더의 자리에 앉히면
결정적인 순간에 어찌 될지는 자명하겠지요?

저는 용기勇氣를 장수의 성품으로 보고
용맹勇猛을 장수의 재질로 봤습니다.

지인지도知人之道의 다섯 번째는
바로, 성(性 성품)인데요.

(라틴어 In vino veritas, 취중 진담
술 취한 개들이 하는 행동, 뻔하죠?)

그것을 알아보는 방법이 묘합니다.

바로 술에 취하게 만들어서
상대방의 성품을 살펴보는 것입니다.

음...저도 상당한 애주가愛酒家입니다만
술은 참 묘한 매력과 마력이 있습니다.

술에 관해 이야기를 하자면 끝이 없을 듯하니,
제갈공명의 뜻을 좀 살펴보자면
결국 술을 통해서
평소에 숨겨 놓았던 속내를 살펴본다는 것인데요.

성인이든 소인배든 군자든 장군이든,
누구나 술을 많이 마시면 취하게 됩니다.
술을 아무리 잘 마신다고 해도
결국 정도의 차이일 뿐

취하는 건 마찬가지입니다.

요지는 언제 취하냐 안 취하냐
또는 얼마나 취하냐의 문제가 아니라
취했을 때 드러나는 언행言行(말과 행동)과
숨겨놓았던 본심本心을 어떤 방식으로
표출하는지에 있습니다.

평소에 절제되고 조절된 것이 아닌
날 것 그대로의 바로 그 순간
드러나는 본심의 표출 방식과 언행!

그것을 통해 성품性品을 알아보는 것이
제갈공명의 방식입니다.

굳이 '술'을 통해 알아본다고 함은
예나 지금이나 '술, 돈, 여자'가
전쟁과 계략의 단골 메뉴여서 그런지도 모르겠네요.

예로부터 뭇사람은 흐트러짐을 경계해 왔지만
정작 중요하게 생각하고 경계해야 할 것은
바르고 흐트러짐의 흐름 속에서도
굳건한 자신만의 중심점을 찾는 것이며,
그것이 중용中庸의 또 다른 면이 아닐지 생각해 봅니다.

지인지도知人之道의 여섯 번째는
바로, 염(렴)廉(청렴함) 인데요.

(제한하는 규율이 없고 주위의 눈이 없어도
흐트러짐이 없이 신독**愼獨**하였으니
고고**孤高**할 수 밖에 ...)

이득이 있는 일을 시켜 그 청렴함을
살핀다는 것입니다.

공적**公的**인 일을 하면서
사적**私的**인 이득을 취한다면
그것은 이미 공무**公務**가 아닙니다.

리더의 자리는 아랫사람들에게
표본**標本**이 되는 자리입니다.

'표본'이란 바로
다른 사람들이 그를 보고 따라 한다는 뜻이죠.

윗물이 맑으면 아랫물이 맑은 것이 이치이고,
윗물이 맑은데 아랫물이 흐린 것은
그저 비가 온 뒤이거나

몇 마리의 미꾸라지 때문입니다.

만약 윗물은 흐린데 아랫물이 오히려 맑다면
윗물은 다른 방향으로 물길을 내게 되니
세상살이 그것이 어려울 뿐입니다.

마지막으로
지인지도知人之道의 일곱 번째는
바로, 신信(믿음)인데요.

(내 뒤를 맡긴다는 게 바로
그를 믿고 있다는 의미.)

일을 맡김에 기간을 주어
약속을 기간 내에 제대로 잘 지키는가를
살펴본다는 뜻입니다.

여기에서 말하는 신信(믿음)이란
신神과 같은 절대 존재를 향한
신앙信仰이 아니라

사람과 사람 사이에서 일어나는
신의信義, 신뢰信賴, 신용信用과 같은
상대적 관계에서 발생하는
신信(믿을 수 있음)을 말합니다.

원래 말은 천리를 달려봐야
비로소 천리마千里馬임을 알게 되고,
사람은 오랜 시간 길게 사귀어 봐야
그 사람 됨됨이를 알게 됩니다.

흔히들 그 사람 관계는 그 끝맺음을 보면
안다고도 하지요.
처음에 맺었던 기간 내에 혹은 끝에 가서
약속을 제대로 지키는지를 보고
그 사람을 믿을 수 있는지 판단한다는 것이죠.

큰일을 맡기기 전에
그 사람을 믿을 수 있는지를
시험하는 방법으로
약속과 기간을 준수하느냐를 지켜보는 것은
아주 좋은 방법인 것 같네요.

제갈공명은 장수와 리더의 성품을 살핌에
뜻(지志)에서 시작해서
신信(믿을 수 있음)으로 마무리하네요.

과연 제갈공명의 공부는 그러했군요.
시대를 초월한 그의 공부가
저에게도 좋은 공부가 됩니다.

53. 리더의 유형, 어진 장수

제갈공명의 비책이 녹아 있다는
심서心書(장원將苑이라고도 함)는
병법서이기도 하지만
현대적으로 해석하면
리더십에 대한 글이기도 합니다.

그중에서도
현대에서 가장 많이 차용되는
장재將才(장수의 재질) 이야기를 시작해 봅니다.

도지이덕道之以德이라 했으니,
강압이나 이해득실이 아니라
덕德으로 무리를 끌어
나아갈 길을 제시하고,
(눈앞의 사탕발림이나 몽둥이가 아닌
덕德으로 이끄는 리더...
이런 분 찾습니다. *Wanted!*)

제지이례齊之以禮라 하여
누구에게나 예禮로 대함으로
자신에게나 상대에게 모두 공평무사하니
합의된 규칙이 누구에게나 공정^{Fair}
할 수 있도록 지킨다는 뜻입니다.
(이런 분을 소위 '품격이 있다'고 합니다.)

지기기한知其飢寒한다 함은
병사들의 굶주림과 추위를 안다는 것이니,

장수가 병사들과
한 마음, 한 몸으로
고난을 함께 한다는 것으로
장수 혼자 배불리 먹고
편안한 침상에서 따뜻이 지내는 이는
평생 가도 결코 알 수 없는 것입니다.
(병사들과 동고동락하면서 실크로드를
호령했던 고선지 장군이 생각납니다.)

찰기노고察其勞苦라 하여
누가 어떤 노력과 고생을 하는 지를
세세히 살핌으로써
한낱 얕은 재주와 운運으로
남의 공을 채가는 이들을
경계하는 것도 리더의 역할입니다.
(살펴야 할 건 안 살피고 다른 것만 살피는
리더의 마음은 콩밭에 가 있기 때문이죠.)

차위지인장此謂之仁將이라
제갈공명은 이러한 재질을 가진
장수의 재목을 인장仁將(어진 장수)이라 했군요.
(특히 조직 생활에서 '어진 리더'는
참으로 만나기 어려운 유형입니다.)

'어진 리더'는
조직에서 임의로 양성한다고 해서
길러질 수 있는 게 아니니,

세상의 역경에 굴하지 않고
자신에 대해 깊은 성찰을 하는
이런 어진 장수를 드물게나마 만난다면,

부디 그 만남을 중히 여기고
인연을 무겁게 이어가야 할 것이라고
생각해 봅니다.
(인연은 그 무게에 걸맞은 신뢰로
이어지는 것입니다.)

54. 의로운 리더를 사수하라

예로부터
세상에 큰 뜻을 펼치려는 현자들의
3대 비서秘書 중 하나라는
제갈공명의 심서心書는
읽으면 읽을수록
그 깊이에 저절로 고개가 숙여집니다.

리더십에 관한
장재將才(장수의 재질)에 나오는
두 번째 이야기
의장義將(의로운 장수)으로 시작해 봅니다.

사무구면事無究免이라 했으니
일 처리에 구차한 변명으로
책임을 회피하지 않는다고 하네요.

불위이요不爲利橈한다 했으니,
이해득실에 허리를 굽실대지 않음이요,

유사지영有死之榮이라
죽을 자리에서 목숨을 초개처럼
버릴 수 있는 죽음의 진정한 가치를 아니,

무생지욕無生之辱
욕된 삶을 살지 않는다.

"내 죽음을 적에게 알리지 말라"
(이순신 장군께서 노량해전에서
전사하신 이유가 여기에 있는지도.ㅠ.ㅠ)

차위지의장此謂之義將
그런 장수를 의로운 장수義將라고
제갈공명은 말하고 있습니다.

역사적으로 봐도
무릇 장군의 가장 큰 적은
나라 밖에 있지 않고
오히려 나라 안에 있어

장수가 아무리 의로워도
그 의로움은 스스로 지켜낼 수 없으니,
군사들의 신뢰와 든든한 군기軍氣가
장수의 병기兵機(병권의 기틀)를
든든히 받쳐주지 않으면
의로운 장수는
욕되게 살지 않기 위해
홀로 죽을 자리를 찾아가게 됩니다

뭔가 일이 터지면
서로 책임을 전가하기 바쁜 세상사에
이런 의로운 리더를 만나더라도
그 리더를 세상에서 지켜내는 것이
얼마나 어려운 것인가를
다시 한번 절감하게 됩니다.

55. 품격 있는 리더: 예장의 격

제갈공명의 병법서 심서 중에서
리더십과 인재에 대해 다룬
장재將才(장수의 재질)편
그 세 번째 이야기는
바로 예장禮將입니다.

'예의 있는 장수'라...
약간 의아한 표현입니다만
일단 해석해 봅니다.

예의 있는 장수란,

귀이불교貴而不驕
귀하게 태어나 높은 자리에 올라서도
교만하지 않고
('금수저'랑은 완전히 반대죠?)

승이불시勝而不恃
설사 자신의 공으로 이겼다 하더라도
함께 싸운 병사들의 공으로 돌리고
자신을 먼저 내세우지 않으며
(조직에서 이런 상사를 만난다면
부디 끝까지 함께 하십시오.)

현이능하 賢而能下
현명하여 자신을 먼저 낮춤으로써
병사들에게는 신뢰를 얻고
소인배들의 경계심을 무너뜨리니
(옛 성인이나 현자 중에 자신을 먼저
낮추지 않으셨던 분을 본 적 있으신가요?)

강이능인 剛而能忍
굳세고 강인하여 참는 데 능하다.
(겉으로 굳이 강해 보이는 척 안 해도
내면이 굳건한 이런 분들이
원래 품격이 있는 법이죠.)

이런 장수를 예의 있는 장수가 한다.

차위지례장 此謂之禮將

사실 해석은 그럭저럭 되는데
여전히 예의 있는 장수,
예의 바른 리더는
뭔가가 좀 어색하네요.

유교적 의미에서 '예禮'의 반의어는
'교활하다' 내지 '교만하다'입니다.

저는 조금 다른 시각으로 해석해서
'예의를 지키는 장수'를

'격格이 있는 리더'라고 풀어 봅니다.

사회적으로 성공하고
돈을 많이 벌고
이름난 사람이라고 하더라도
그 격格이 떨어지는 사람들을
우리는 종종 만나기도 하지요.

상대방의 자리나 지위가 아니라
그 인격에 맞게 격식을 갖추고
자신의 품격을 지키는 것!

저는 그것을 감히
'격格'이라 불러 봅니다.
(My personality is who I am,
my attitude depends on who you are.)

흔히 어둠의 세계에서도 전국구 주먹들은
일반인을 건드리지 않는다고 하지요.
노는 물이 다르고, 격이 다르니까요.
(흔한 양아치들 말고 선 굵은 형님들만 해당.)

어떤 자리와 지위, 능력이든
거기에 맞는 격格이 있으니
그러한 격格을 알고 행하는
자격 있는 리더가
바로 예의 있는 장수
예장禮將이라고 생각되네요.

(받을 자격이 있는 분에게 수여되는 훈장이
진정 가치 있는 법입니다.)

현대적으로 해석해 보면
'섬기는 리더십Servant Leadership'과도
유사한 점이 많아 보입니다.

56. 지혜로운 리더: 능력자, 슈퍼히어로

제갈공명이 이야기한 '장수의 재질' 중에서
현대에 가장 많이 인용되는 리더의 유형은
바로, 지장智將(지혜로운 장수)

지혜로움과 지혜로운 리더에 관한
이야기를 시작해 봅니다.

제갈공명은 과연 '지혜로운 장수'란
어떤 장수라고 생각했을까요?
그의 생각을 들여다보겠습니다.

기변막측奇變莫測하고

기기묘묘奇奇妙妙 신묘막측神妙莫測
전략이 무궁무진하고 변화무쌍하다는 뜻!

전쟁에서 가장 중요한 전략과 전술을 수행할
수手(수단手段, 방법方法, 계략計略)가
기이하고 변화가 다양해 상대가 감히
예측하지 못한다는 뜻인데요.

상대가 예측 못 할 정도라면
현대적 표현으로 획기적이거나
창의적인 수를 썼다는 뜻이죠.

창조적Creative이라고 말할 수도 있겠네요.

동응다단動應多端한다 했으니
상대와 상황에 따라
움직이고 대응하는 수단이
매우 많고 다양함을 뜻합니다.

예로부터 고수高手는 수手가 많다 했으니,
'다단多端한다'함은
곧, 고수高手라는 의미입니다.

(아무리 수手가 많다 한들
결정 장애가 있는 리더 밑에서
직원의 야근과 삽질, 피박은 필수 ㅠ.ㅠ)

전쟁에는 다양한 변수와 상황이
존재하기 마련인데요.
이러한 다양한 상황에 걸맞은
적절하고도 적합한 대응 수단을
맞춤형으로 준비했으니
가히 절정의 고수高手라 할 것입니다.

그래서
전화위복轉禍爲福,
'화를 복으로 바꾼다'라고 하네요.

여기에서 우리가 흔히 쓰는
전화위복이라는 글을 접하니 반갑네요.

우리는 보통 전화위복이란 말을
뜻밖의 행운이나 복불복福不福,
새옹지마塞翁之馬인 것처럼 생각했는데

이 글을 보면
'능력으로도 화를 복으로 바꾸는 경지'를 알게 됩니다.
'대단한 능력자'가 아닐 수 없습니다.

그리고
임위제승臨危制勝이라
위기를 승리로 바꾼다고 합니다.

이길 수 있는 전쟁에 이기는 게 아니라
패할 전쟁도 이기도록 만드는 능력과 재질.

차위지지장此謂之智將,
이를 지장智將(지혜로운 장수)이라고 하네요.

어떠신가요?

흔히 말하는 지장智將이란 표현과
제갈량이 생각한 지장智將은

그 의미가 조금 다른 듯합니다.

난세에 영웅이 난다고 했던가요.

어려운 시대에
위기를 기회로 바꾸는 지혜로운 리더!

그런 지장智將이 필요한 시절입니다.

만화의 히어로 캐릭터가 아니라
현실의 위기를 타파할 그런
'지혜로운 리더' 말입니다.

(슈퍼 히어로만 찾으면서 현실에서
숭고한 의인의 희생은 나 몰라라 하니,
현실과 이상은 역시 다르고
판타지는 판타지일 뿐입니다.)

어느 시대에나 판타지가 존재하는 데는
다 이유가 있겠죠?

큰 힘을 지닌 슈퍼 히어로라 할지라도
숭고한 자기희생이 없다면
그냥 힘센 깡패일 뿐입니다!

제갈량을 통해서
삶의 지혜와 전쟁의 지혜,
지식과 지혜에 대해서
많은 생각을 하게 되었습니다.

요즘 세상살이 참 쉽지 않으시죠?
시절이 아주 수상합니다.

저같이 평범한 소시민은
때론 한 잔 술로 시름을 달래곤 합니다만

저도 마음의 병病을 다스릴 때는
바른 몸가짐과 운동부터 시작하고
육체의 병病을 다스릴 때는
바른 마음가짐과 공부로 시작합니다.

그래서 자신을 돌아보고 다스리는
신독愼獨(삼가할 신, 홀로 독,
홀로 있을 때 스스로 삼감)의 시간을
보내려고 노력합니다만 쉽지 않네요.

57. 믿을 수 있는 리더

제갈공명이 이야기한
장수의 재질 편에서
제가 진정으로 닮고 싶은 장수는
바로 신장信將(믿을 수 있는 장수)입니다.

(옛날 장수들은 자신의 이름을
깃발에 달고 그 명예를 지켰죠.)

제갈공명이 생각하는
믿을 수 있는 리더란 과연 누구인지
그의 생각을 조금 들여다볼까요?

승리하여 나감에 후한 상을 주고
진유후상進有厚賞

패배하여 후퇴함에 엄한 형벌을 준다.
퇴유엄형退有嚴刑

상을 줄 때 그 시기를 넘기지 않고
상불유시賞不逾時

형벌을 줄 때 차별하지 않으면
형불택귀刑不擇貴

이를 두고 '신의 있는 장수'라 한다.
차위지신장此謂之信將

작전대로 수행을 잘하고 병사를 잘 이끌어
승리를 이뤄 진군하게 된다면
당연히 후한 상을 주는 것이 이치입니다.

전략과 전술대로 하지 않고
병사들의 마음을 얻지 못해
패퇴하게 된다면 엄한 벌을 주는 것도
바른 이치이자 상식입니다.

그러나 세상사는 간단치 않습니다.

분명히 상을 줘야 하는데
차일피일 미루는 이유는
숟가락 하나 들고서 다리 하나 살짝 걸친 다음
묻어가고자 하는 이들 때문이요,
(수저가 금으로 된 것은 그렇다 치고,
왜 금수저들께서 남이 다 차려놓은 상에

밥숟가락 달랑 들고 와서 날로 먹으려는지...)

형벌을 줘야 하는데
차마 그러지 못하는 이유는
'법法위에 군림하는 이들' 때문입니다.

(형님들, 왜 그러고 사세요?)

법法이란 누구에게나
공평해야 그 존재 가치가 있습니다.

가진 돈이나 권력, 명예, 지위로
세상의 흐름과 규칙을 좌지우지한다고
착각하는 이들은 법法이 정한 선線을
마음대로 넘나들곤 합니다.

예나 지금이나
이런 귀貴한 분들 때문에
원칙과 기준이 제대로 지켜지기 힘들었나 봅니다.

그러니 당연히 지켜야 할 것인데도
잘 지키는 이를 '신의信義'있다고 했겠지요.

옛말에 대도大道(큰 도, 깨달음)는
신信으로 들어서서 신信으로 귀결된다고 했습니다.

자신이 말한 바를 지키는 것에서 시작하여
자신이 말한 대로 이루어진다고 했으니
법法이 정한 선線을 함부로 넘나들던 그분들은
언젠가 그 선線이
'생사의 경계선'임을 알게 될 것입니다.

(외줄타기! 조심하세요!
한 방에 훅~ 가는 수가 있습니다.)

스스로 깨닫지 못하면
세상이 아주 쓴맛을 보여 주는 게
바로 인생입니다.

다만 시기와 강도強度의 차이일 뿐이라는
생각을 하게 됩니다.

직장인의 퇴사 사유 1위가 상사 때문이라는
설문 조사 결과를 본 기억이 납니다.

한쪽의 잘못인 경우도 있지만
대부분은 상호 신뢰가 깨어진 게
가장 큰 이유가 아닐지 생각합니다.

한 번쯤
돌이켜 볼까요?

우리는 직장에서나 가정에서
진정 믿을만한 상사이자 가장인가요?

흔히 어떤 사람을 한 마디로 간단히
평가할 때 쓰는 좋은 말이 있습니다.

"아! 그 사람? 믿을 만해!"

'믿을 만하다'라는 그 한마디가
참으로 많은 것을 함축한다고 생각합니다.

58. 제너럴 매니저 General Manager의 리더십

제갈공명이 바라본 장수의 리더십 유형 중에서
일반적 유형이라 할 수 있는
보장步將(보병의 장수)을 풀어 봅니다.

보장步將이라...
글자 그대로라면
걸어 다니는 보병步兵을 지휘하는
장수를 뜻하는데요.

('땅개'라고 비하하는 이들도 있지만
대한민국의 건강한 남자들이 다녀오는
보병은 육군의 대표 격이라 할 수 있습니다.)

그럼 제갈공명이 생각하는
보장步將의 의미를 한 번 들여다볼까요?

족경융마足輕戎馬하고
전쟁터의 말처럼 발이 날래다고 했으니,
비즈니스에 접목하면 '일할 때 손이 빠르다'라는 뜻이고,

기개천부氣蓋千夫하고
전투에서 투기鬪氣를 발산하여
천 명의 적을 꼼짝 못 하게 할 정도니,
평소에는 설렁설렁해 보이지만
일단 집중하면 '포~스force'가 장난이 아니라는…

선고강역善固彊場이라
맡은바 경계 지역을 든든하게 지킨다는 것은
'자기의 영역'을 확실히 구축했다는 뜻이며,

(모든 전쟁과 전투는 결국 보병이
걸어가서 점령해야 영역이 확보됩니다.)

장어검극長於劍戟한다 함은
칼과 창을 잘 다룬다고 했음이니,
속된 말로 '마당 좀 쓸었다'라는 뜻.

보병의 기본은 '칼과 창'이므로
기본기가 강하다는 것을 말합니다.

차위지보장此謂之步將이라
이를 두고 보장步將(보병의 장수)이라고
제갈공명은 말하고 있습니다.

(지프차 타고 등장하는 보병의 장수들!
그들이 있기에 전투가 가능한 것입니다.)

징기스칸이나 알렉산더 같은 정복자들도
드넓은 중원과 세상을 정복했지만,

말 위에서 나라를 다스릴 수는 없었습니다.
그러려면 말에서 먼저 내려와야 했지요.

전쟁은 정치가들의 이권 다툼으로 시작되지만,
전투의 끝은 보병步兵에 의해서 이루어지고,
아무리 전투기와 대포, 배로 공격하더라도
마지막은 보병이 마무리하게 됩니다.

현대의 전쟁이나 비즈니스에서도
특수 임무, 특전 부대, 태스크포스 등이 있지만
실제 전쟁과 기업의 가장 기본은
보병步兵이며,
일반적 업무를 주관하는
'제너럴 매니저General Manager'입니다.

기본기를 잘 갖춘 보장步將은
맡은 바 임무나 업무를
명확하고도 성실히 잘 해내기 때문에
평상시에는 비교적 무난해서
조직 내에서조차 평가절하되기도 하지만

실제로는 군대에서
가장 중요한 '기본, 기초, 기틀'입니다.

극진가라데의 창시자 최배달 선생께서도
가장 어려운 무술 동작은
화려한 공중 발차기나 강력한 격파가 아니라
'올바로 서기'라고 하셨다죠.

'기본기'란 이처럼 중요하고도
어려운 것으로 생각합니다.

평소 조직에서
동료와 직원들을 잘 챙기면서
맡은 바 업무를 빈틈없이 처리하고
묵묵히 일하는 그런 사람이
바로 현대 조직에서 '보편적 리더'인

보장步將이 아닐지 생각해 봅니다.

(지금도 회사에서 열심히 고생하며 일하는
과장, 차장, 부장의 모습이 아닐까요?)

참고로 제갈량의 팔진도는 원래 보병이
기병을 상대하기 위해 만든 진법이지만
군세의 배치, 공격과 수비, 병참에 이르기까지
극도로 효율화된 군의 배치와 운용을
담았다고 전해집니다.

59. 스페셜 포스 Special Force 리더: 기장

앞서 다뤘던 보장步將(보병의 장수)이
일반적인 조직 사회의 전형적 리더라면,
이번에 다룰 기장騎將(기병의 장수)은
태스크포스팀(Task Force Team)이나 신규 사업,
인수합병M&A, 영업, 프로젝트팀처럼
특정한 목표를 달성하기 위한 돌격대 같은 조직의
리더라고 할 수 있습니다.

기장騎將(기병의 장수)이라...

말 타고 달리면서 싸우는
기병騎兵을 지휘하는 장수인데요.
제갈공명이 바라본 기병의 장수란
과연 어떤 의미였을까요?

능고력험凌高歷險

현대식 표현으로
산전수전 공중전 다 겪어 본
능수능란한 전문가이며,

(공중낙하 아무나 하는 거 아닙니다.
누구나 해병이 될 수 있다면
결코 해병에 지원하지 않을 것이라 했던가요?)

치사약비馳射若飛

움직이지 않고 쏘는 궁병弓兵이 아니라,
말 타고 달리면서 활을 쏘는 게
거의 날아다니는 수준이라면
기동력과 공격력이 장난 아닌 수준이므로,

현대 비즈니스에서
업무 수행 능력, 속도, 임기응변 등
'막힘이 없는 고수高手'라 하겠습니다.

진즉선행進則先行
앞으로 나아감에 맨 먼저 달려 나가고,

퇴즉후전退則後殿
퇴각할 때는 최후방을 살피고

방비하면서 물러난다고 했으니,

목숨을 담보로 하는 전쟁터에서
돌격대장이 망설인다면
누구도 그 뒤를 따르지 않을 것이요,

후퇴하는 전장에서는
제 목숨 살피기도 바쁠 터인데도
병사들을 살리기 위한
최후방을 맡는다는 것은

바로 그들이
'스페셜 포스Special Force'임을 뜻합니다.

차위지기장此謂之騎將
이를 두고 기장騎將이라 하여
'기병의 장수'라고 부릅니다.

(듬직한 기병장수의 포스~
소위 '힙하거나 간지난다'고 할까요.)

병사를 살리고 전쟁을 승리로 이끌었던
수많은 기장騎將들은
이해관계와 권력다툼이 지배하는
정치와 전쟁의 흑역사 속에서
비록 토사구팽兎死狗烹 당하곤 했지만
자랑스러운 이름을 후세에 남겼고,

용인술(사람의 마음을 얻는 기술)이 아니라
용병술(사람의 능력을 쓰는 기술)을 구사하면서
흑역사를 조장했던 위정자爲政者들은
결국 그 끝이 좋지 못하거나 후회와 절망 속에서
더럽혀진 이름을 후세에 남기게 됩니다.

"칼로 흥한 자, 칼로 망한다"라고 했던가요.

60. 맹장 밑에 약졸 없다

전쟁터나 역사에서
추앙을 받는 유명한 장수 중에는
뛰어난 맹장猛將이 많았습니다.

글을 읽으면서
자기의 리더십을 점검해 봅니다.
과연 나는 전투에서 용맹했었나?

그럼,
제갈공명이 생각하는 맹장猛將은
과연 어떤 스타일의 리더인지 볼까요?

기릉삼군氣凌三軍이라
기세氣勢가 삼군三軍을 능가했다 했으니
육陸, 해海, 공空을 아우르는 특공대인가 봅니다.

지경강로志輕强虜라
아무리 강력한 오랑캐라 하더라도
흔들리지 않는 의지意志앞에서는
그저 조금 강한 적敵일 뿐이라 합니다.

겁어소전怯於小戰 용어대적勇於大敵
작은 싸움에서는 오히려 겁을 내지만
대적을 맞은 큰 싸움에서는 용감해진다.

왜 작은 싸움에서는 겁을 낸다고 했을까요?

전쟁터의 검과 활에는 눈이 없다고 하지요.
언제 어디서 날아오는 화살에 죽을지 모릅니다.
전투란 어차피 죽음을 담보로 싸우는 것

의미 없는 작은 싸움터가 아니라
대적**大敵**을 마주해 승패를 결정짓는 큰 싸움에
목숨을 바치고자 하는 그런 마음 자세,
그것을 '용감함'이라 말하고 있네요.

죽지 않기 위해 과장된 허세를 부리는 게 아니라
어차피 죽을 거 제대로 싸우고 죽자는 '용맹함.'
그 말에 이런 의미가 내포되어 있을 줄이야.

차위지맹장**此謂之猛將**이라
이를 두고 용맹한 장수, 맹장**猛將**이라 부르며
모두가 두려워했습니다.

당연합니다.
살기 위해서 싸우는 게 아니라
제대로 죽을 자리를 찾아 싸우는 이들을
어느 누가 두려워하지 않겠습니까?

흔히들 용맹한 장수로만 알았던
맹장**猛將**의 의미에
이런 치열함과 슬픔이 있는 줄 몰랐네요.

맹장**猛將** 밑에 약졸**弱卒** 없다 했던가요?

"죽고자 하면 살 것이요
살고자 하면 죽을 것이다."

그래서 이순신 장군께서 이런 말씀을 하셨을까요?
전투에서 더 많은 병사들을 살리려고 말입니다.

(죽기로 각오하고 싸우는데
백만대군이 두렵겠습니까?)

자신의 어리석음을 알기에
공부로 마음을 추스르려 애는 쓰는데
역시 쉽지가 않네요.

자신의 마음이 흔들릴 때면
글조차 제대로 못 추스르는
비천한 내공과 실력이지만
그저 한 걸음 한 걸음 내딛습니다.
참 어리석죠?

역시 '무사의 자기연민은 사치'인가 봅니다

61. 최고의 리더십, 대장

심서 장수의 재질才質을 보는
장재將才편에서는 마지막으로
대장大將이 등장합니다.

사람은 누구나 머리가 굵어지면
변방의 촌구석이라 하더라도
우두머리가 되어 자세 좀 잡고 싶은 게
당연한 인지상정이라 생각합니다만,

똥개도 제 집 앞에서 짖고
골목대장도 아무나 하는 건 아닐 테니
보스나 리더의 재질에도 등급이 있겠죠.

제갈공명이 생각했던
장수가 지닌 최고 수준의 재질
대장大將이란 과연 뭘까요?

견현여불급見賢如不及하고
종간약순류從諫若順流하니
자신보다 어질고 현명한 이를 보면
스스로가 부족함을 알아
상대의 충고를 받아들여 행함에
마치 물이 흐르듯 자연스러우니.

관이능강寬而能剛하고
용이다계勇而多計하여
너그럽고 관대하면서도 굳건하고
용감한 데다 계책까지 무궁무진하여,

차위지대장此謂之大將이라
이를 두고 천하의 큰 장수
대장大將이라 부른다고 하니.

어느 누가 그런 이를
믿고 따르지 않을 수 있을까요?

큰 그릇이 작은 그릇을 포용한다고 해서
큰 것이 작은 것들의 합슴은 아닙니다.

큰 것은 '채워진 것들의 합슴'이 아니라
'비워진 것들의 합슴'으로 이루어집니다.

내 것 아닌 것도
내 것처럼 자연스럽게 사용하는
대장大將이라...

이런 사람을 적敵으로 만나면
이길 방법이 없겠네요.

어떠셨나요?
여기까지 장수의 재질才質을
살펴봤습니다.

여러분은 스스로 어떠한 장수나 리더의
재질才質이나 자질資質을 가지고 계시는지
한 번쯤 생각해 보셨나요?

예전에 영업사원을 뽑을 때
'영업의 DNA는 따로 있다'라는
말을 들은 기억이 납니다.

'타고난 게 다는 아니다'
라고 생각합니다만
제갈공명이 이야기한 장재將才란
그런 의미의 DNA 같은 게 아닐지
생각해 봅니다.

62. 형세 판단의 알파고, 리더

리더가 잘 해야 하는 것은 무엇일까요?
장수가 잘 해야 하는 것은 무엇일까요?

제갈공명은 병법서 심서心書
장선將善편에서
리더가 마땅히 잘 알고 있어야 하는
다섯 가지 오선五善과
리더가 하고자 하는 바
네 가지 사욕四欲을 합한
오선사욕을 잘 해야 한다고 합니다.

리더가 마땅히 잘 알고 있어야 하는
오선五善의 첫 번째는,

적지형세敵之形勢.
적의 형세形勢를 잘 파악해야 합니다.

그것도 늦지 않게.

정치나 바둑 기사에 인물에 대해 평할 때
'형세 판단에 능能하다'라는 말을 합니다.

형세形勢란 판세, 정세情勢, 기세氣勢라 하며,
형세 판단에 빠르고 능하다는 것은
한 마디로 딱 보자마자

누가 유리하고 불리한지
'유불리有不利' 파악을 잘한다는 뜻입니다.

적진의 세력과 공격 형태를 몰라봐서야
어찌 장군이라 하겠으며,
리더가 시장과 경쟁사를 제대로 못 보고
형세 판단을 그르친다면
사업은 곤두박질, 패가망신으로 갑니다.

(리더가 똥과 된장도 구분 못 하거나
굳이 찍어 먹어 보고야 안다면
이미 그 조직은 끝장입니다.)

전략은 형세 판단 후에 설정하는 것이고
만약 형세가 변화되면
전략도 재빠르게 수정되어야 합니다.

리더가 똥인지 된장인지 잘 모르면
팀원들은 똥 치우다가 하나둘 떠나가겠죠?

그 옛날부터 걸출한 전략가들은
조직 내에서도 유불리에 능하다 하여
앞에서는 칭송하고 따르더라도
뒤로는 모사꾼이라며 경원시했습니다.

(겉으로는 친한 체해도 실제로는 꺼림.)
(어쩌면 왕따 비슷했는지도 ㅠ.ㅠ)

서로 친해지지 못하는 내부 관계 속에서
가끔은 진정한 호적수*好敵手*가 등장해
서로를 인정하고 마음을 나누기도 하지요.

'나를 가장 잘 알아주는 자는
오히려 나의 적*敵*인 호적수'라 했던가요

63. 진퇴를 아는 고수, 리더

제갈공명 병법서를 통해
리더라면 마땅히 잘 알고 있어야 할
오선 사욕에 관한 글을 이어 씁니다.

리더가 마땅히 잘 알고 있어야 하는
오선五善의 두 번째는 바로
진퇴지도進退之道.
리더는 나아가고 물러갈 바를
잘 알아야 한다.

적진을 공격해 들어가거나 후퇴할 때
진용陣容을 제대로 꾸리지 못하면 큰일!

나아가는 것도 중요하지만
실제 전쟁터나 비즈니스의 현장에 있어
나가는 것보다 물러나는 것이
훨씬 더 중요합니다.

어디로 물러나야 하는지를 알면 하수$_{下手}$
어떻게 물러나야 하는지도 알면 중수$_{中手}$
언제 물러나야 할지 정확히 알면 상수$_{上手}$

왜 물러나야 하는지도 모르면 바보ㅠ.ㅠ
(이런 어리석은 리더가 더 위험한 이유는
두려움과 이기심에 빠진 상태에서
어디로 튈지 모르기 때문입니다.)

새로운 비즈니스 생태계를 만들어 가는
스타트업의 전략에서도 제일 중요한 게
저는 '후퇴 전략'이라고 생각합니다.
(일부 몰지각한 인간들이 말하는
먹고 튀는 출구^{EXIT} 전략 아닙니다.)

자칫 때를 놓치게 되면
매몰 비용$^{Sunk\ Cost}$만 늘어나고
사람들은 하나둘 떠나가며,
다시 회복하기 어려운 신뢰의 상처가
심장과 은행 계좌에 남게 됩니다.

나아가려니 두렵고
물러서려니 아쉬움이 남지요.

나아가고 물러섬에 있어
가장 중요한 것은 '한 걸음!'

바로 그 '한 걸음'을 떼기가
그렇게 어렵게 느껴지는 이유는

지금 서 있는 그 자리가
떨어지면 즉사하는 백척간두百尺竿頭요,
언제 깨질지 모를 살얼음판이라서입니다.

그러나
나아가야 할 때 리더가 주저하면
기회는 저 멀리 날아가 버리며,
물러서야 할 때 리더가 머뭇거리면
사람이 추하게 변합니다.

리더가 진퇴를 모르면
남은 이들은 눈치작전에 생존모드로
자동 전환되게 됩니다.

그다음은 어찌 될지
굳이 말씀 안 드려도 뻔하겠죠?

왜 가야 하는지
누구와 가야 하는지
어디로 가야 할지
어떻게 가야 하는지.
언제 가야 하는지를
모르는 이들과 가까이하면
진퇴양난進退兩難이라!

삶이 무척이나 피곤해지실 겁니다
(좌절하거나 돌아버리거나.)

64. 누울 자리를 보고 발을 뻗으려면

리더라면 마땅히 잘 알고 있어야 할
오선五善 중 세 번째를
제갈공명 병법서로 풀어 봅니다.

국지허실國之虛實.
나라의 허실을 잘 알고 있어야 한다.

장군은 전쟁터에서 전투를 하는
자신의 군대뿐만 아니라
후방을 지원하고 보급을 담당할
자기 나라의 강점, 약점까지
꿰뚫고 있어야 합니다.

전방의 전투에만 집중하던 장군이
후방을 놓치고 있던 사이에
보급품을 제대로 받지 못해
적군의 물량 공세에 밀리기도 하고
후방의 정치 놀음에 놀아나기도 하며
때로는 적국의 외교전에 밀려서
승리를 반납하는 경우도 생깁니다.

단일 프로젝트를 바라보는 관점과
사업 전체를 조망하는 관점은 다르므로
사업실행과 관리의 측면에서도
조직의 허실虛實 파악이 중요합니다.

결국 리더는 나무도 보고
숲도 잘 살펴야 한다는 말이죠.

조직은 그 자체로
하나의 살아있는 생명체와 유사합니다.

완벽한 조직이란 있을 수 없으며
조직은 각자 고유한 특색과
강약점이 있지요.

본인이 속한 팀과 전체 조직의
허실과 장단점을 명확히 꿰뚫고 있어야

역량과 상황에 맞는 전략을
자유롭게 구사할 수 있습니다.

'누울 자리를 보고 발을 뻗어라.'는
속담이 있지요.
(잘못 누워 발 뻗으면 묏자리 됩니다.)

만약 자신이 속한 조직에서
실현할 수 있을 것으로 생각한
아이디어를 내고
전략을 펴며,
혁신과 도전을 이야기했는데
씨알도 안 먹히는 반응이 온다면
그때는 즉시 뒤로 물러나
형세形勢 판단부터 다시 하십시오.

안 그러면 뒷맛이 개운치 않게 남고
결정적 순간에 발목을 잡힐 겁니다.

65. 사람의 뜻을 모아 하늘의 때를 기다린다

제갈공명이
리더라면 마땅히 잘 알고 있어야 할
오선五善 중에서 네 번째
천시인사天時人事를 풀어 봅니다.

천시인사天時人事
장군은 천시天時와
인사人事를 잘 알아야 한다.

전쟁에서 '천시天時'란
공격하기 좋은 날씨와 시간 등을 말하며,
'인사人事'란 인재를 얻고, 신뢰감을 주어
공평무사하게 적재적소에 활용해
군심軍心(병사들의 마음)을 얻는 것을 이릅니다.

하늘에 때가 있듯이
시장에도 타이밍이 있습니다.
그러나 시장에서 명확한 타이밍을 맞추기는
날아가는 새의 그것을 맞추는 것만큼
확률이 희박한 난제입니다.

(새는 내 옷과 차를 어찌 그리 맞추는지. ㅠ.ㅠ)

실제로 업무에서 적용되는 '때'라는 의미는
타이밍보다는 '승부수'를 띄울 시점이나
승부처를 아는 순간을 말합니다.
그리고 여기에는 약간의 운運도 필요합니다.

남녀 간에 아무리 서로 사랑해도
타이밍이 안 맞으면
인연으로 이어지지 않듯이 말입니다.

운運이란 사막의 신기루와 같아서
운運만 좇다가는 좋은 시절 다 지나갑니다.

(겨룰 때는 겨뤄야 합니다.)

진정한 승부사들은 승패와 관계없이
승부가 끝난 다음 뒷담화가 없습니다.

오히려 승부처를 놓쳤거나
숟가락 하나 얹어 놓고 훈수나 두던 사람들이
술자리에서 후배들 붙잡아 놓고
아깝게 지나간 화려했던 과거를 포장해서
했던 이야기 또 하고 또 하고
같은 말 반복하는 술주정을 부리곤 합니다.

(왕년에 내가 말이야...ㅠ.ㅠ)

그렇다면 승부처와 대결할 시점은
어떻게 알 수 있을까요?

글쎄요. 어려운 문제입니다.
이게 바로 장군의 능력 아닐까요?

이런 능력은 마치 그 사람이 지닌
모든 능력의 총합 같은 겁니다.

내공의 정수, 지식과 경험, 지혜의 결정체 등등.
'어떻게 하면 훌륭한 사람이 되나요'라는
질문과 비슷한 건지도 모릅니다.

이런 부류의 질문에 정답은 없다고 봅니다.
각자 스스로 찾은 해답만이 있을 뿐

愚問(우문)에 賢答(현답)을 찾기 어려우니
반대로 풀어서 답을 대신해 봅니다.

아무에게나 시비를 걸고
아무 데서나 함부로 싸움을 일으키는 이는
진정한 승부사가 될 수 없으며,
결정적 순간에 책임을 회피하고
머뭇거리는 이는 그저 결정 장애일 뿐이니

승부수를 제대로 띄우지 못하는 사람은
리더가 아니라는 결론이 나오네요.

다음으로 리더가 잘 알고 있어야 할 인사人事란
결국 병사들의 마음을 얻는 것이라 봅니다.

인재의 확보는 정말 중요하지요.
스타트업 업계에서도 투자를 받을 때
투자자의 가장 큰 관심사는
유능한 인재, 동료, 파트너, 팀워크입니다.

그래서 널리 인재를 힘써 구하되
산토끼를 쫓다가 집토끼를 놓쳐서는 안 됩니다.

신뢰는 하루아침에 쌓을 수 없고
적재적소의 인재 활용이 변질되면
후흑학厚黑學의 현란한 처세술이 됩니다.
(원래의 후흑학은 두꺼운 얼굴 면후面厚와
시커먼 마음 심흑心黑으로 구성됩니다.)

(표정변화 하나 없이 말 바꾸기 신공을 발휘하는
낯짝 두꺼운 리더들이 참 많죠 ㅠ.ㅠ)

인재를 얻기도 어렵고 키우기도 어려우며
사람의 마음을 얻기란 더더욱 어렵습니다.

좋은 인재를 구하고 싶으면
먼저 좋은 회사를 만들고
스스로 훌륭한 리더가 되어야겠다는
뻔한 다짐으로 마무리를 해 봅니다.

66. 각자도생, 맨땅에 헤딩할 때

제갈공명 병법서 심서를 통해
현대적 리더십을 말해보고자 합니다.

리더라면 마땅히 잘 알고 있어야 할
오선五善 중에서 마지막 다섯 번째
산천험조山川險阻를 풀어 봅니다.

산천험조山川險阻.

장수는 전쟁터의 주변 환경이 어떤지
예를 들어 산천山川이 험한지 등을
잘 알고 있어야 한다.

일반적으로 병법에서
상대가 강하거나 조건이 불리하면
경기의 규칙(그라운드 룰)을 바꿔야 합니다.
이도 저도 안 되면 삼십육계 또는 후퇴.

치열한 경쟁과 여러 조건이 불리해
시장이 험한 비즈니스 현장도 마찬가지죠.

그러나 삶의 모든 문제는
피할 수 없는 때가 있다는 것입니다.

피할 수 없는 승부에서
주어진 조건이 동일하다면
나머지는 전략, 군대의 사기, 장비, 물량.

그런데 이런 대비나 지원조차 안 되는
정말 어쩔 수 없는 때가 있는데
일명 '맨땅에 헤딩하기'입니다.

아이러니하게도 기술이 발달하고
문명은 발전하고 있는데도
이런 '맨땅에 헤딩하기'는
오히려 늘어나고 있습니다.

(맨땅에 헤딩하면 낮에도 별을 봅니다.)

여기서 말하는 '맨땅에 헤딩'은
기발한 아이디어와 제품으로
새로운 시장을 개척하는
스타트업이나 벤처와는 다르며,
자신은 뒷전으로 빠지면서

새로운 것에 대한 도전을 강요하는
일부 몰지각한 '혁신주의'와도 다릅니다.

'맨땅에 헤딩'하는 경우란
가진 게 몸뚱이밖에 없어서
마지막 오기傲氣로 발악이라도 해보는
더 이상 잃을 게 없을 때 하는 겁니다.

이런 이들에게
'나가서 장렬히 전사하라'고 말하며
전장으로 등 떠밀어서 내몰 때는
최소한 삽 한 자루는 손에 쥐여줘야 합니다.

군대에서 야전삽은 만능 도구이며
맥가이버 칼과 같은 겁니다.

(맥가이버는 이거 하나로 다 해결했죠. ㅎㅎ)

전쟁에서 총알 떨어지고
총과 칼이 부서지고 나면
백병전의 마지막 무기는 삽이었습니다.

맨땅에 헤딩하러 나아갈 때
칼**(졸업장, 배경)**은 부러지고,
총알**(인맥, 경험)**은 떨어지고
이제 마지막으로 당신에게 남아있는
'삽'은 무엇입니까?

아무것도 없다고 생각하시나요?

한국인은 무의식적으로 누구나
'삽'이라는 생존 본능이 남아있다고 하니
벨트 뒤를 잘 찾아보면 있을지도 모릅니다.

만약 삽도 없고 삽조차 부러져 버렸다면
그냥 헤딩하는 수밖에 없겠지요.

피 나도록 (아니면 박 터지게 ㅠ.ㅠ)

그래서 이런 일이 일어나지 않도록
리더는 산천이 험한지를 잘 살펴야 한다고
제갈공명이 말하고 있는지도 모릅니다.

어렵고 험난한 시대 상황에
'각자 알아서 살아남으라.'는
각자도생**各自圖生**의 생존모드가
유행처럼 번지는 세태입니다.

잘못된 리더를 만났거나
험악한 환경에 처했다면
'삽 한 자루'라도 미리 챙겨 두십시오.
(그렇다고 무의미한 삽질은 저도 싫습니다.)

그 '삽'의 의미는
'나 먼저 살겠다'라고 도망간 이들을 욕하며
'나도 살아야겠다'라는 뜻이 아니라,
'나부터 변하겠다'라는 생각의 실천입니다.

멍때리고 있어야 창의성이 생긴다고 말하지만,
창의력도 실천하지 않으면 아무 의미 없습니다.

죽 때리고 멍하니 아무 짓도 안 하고 있으면
정말 아무 일도 일어나지 않습니다.

67. 리더가 하고자 원하는 것

제갈공명 병법서 심서를 통해
현대적 리더십을 풀어보고 있습니다.

앞서 풀어보았던 리더라면
마땅히 잘 알고 있어야 할
오선五善에 관한 내용에 추가해서
리더가 하고자 원하는 네 가지
사욕四欲에 대해서 알아봅니다.

첫째, 전욕기戰欲奇
장수는 멋진 승리를 하고자 합니다.

누구나 승리를 원합니다.

이겨도 상처뿐인 영광은 별로입니다.
전투에서 이기고 전쟁에서 져도 곤란하죠.

통쾌하고 멋진
아군의 피를 적게 흘린
적들도 인정할 만한 그런 값진 승리.

장수는 그것을 하고자 한다고 말하지만
장수란 본래 그래야 하는 거 아닐까요.

상처뿐인 승리에서 혼자서 자축하고

재주 부린 곰은 죽고
왕서방만 돈 챙기는 식은 곤란합니다.

모욕밀謀欲密.
장군은 전쟁과 전투에서
전략과 전술을 은밀하게 해
적이 모르게 하고자 한다.

예로부터 큰일을 도모하는 자는
말만 앞서 여기저기 떠벌리지 않고
오른손이 한 일을 왼손도 모르게
그렇게 준비하고 실천합니다.

눈 가리고 아웅하지 말자.
마술사나 타짜 정도는 되어야...

중욕정衆欲靜.
장군은 군사들을 고요하고 편안하게
잘 다스리고 싶어 합니다.

사람의 마음은 항상 흔들립니다.

훌륭한 장군은 굳이 애써서
흔들리는 군심軍心을 잡기보단
흔들려도 되돌아올 수 있는
중심축을 바로 세울 것입니다.

그 중심축이 무엇인지 파악하는 게
바로 '장군의 할 일'입니다.

(중심이 안 잡힌 팽이는 돌 수 없고
더 이상 돌지 않는 팽이는 쓰러진다.)

심욕일心欲一.
장군은 자신의 마음을 늘 한결같이
하나의 뜻(나라 지킴)에 두고자 한다.

리더의 마음은 초심初心을
일심一心으로 지키는 것,
그것 하나뿐입니다.
나라를 지키든 조직을 지키든
그 근간은 국민, 팀원입니다.

리더가 두 마음을 품으면
그 조직은 파탄이 나게 마련입니다.

(아수라 백작보단 그냥 아수라가 나을 수도 …)

68. 어깨에 힘을 빼라

흔히 리더로 거론되는 인물을 평할 때
'외유내강外柔內剛'이나 '외강내유'형을
많이 이야기하지만, 사실을 알고 보면
지금까진 재수가 좋아 들키지 않았을 뿐
부드럽거나 강직해 보였던 겉모습은
코스프레 장식이었으며,
내면을 들여다보면 뒤로 호박씨만 까대는
후흑학의 달인으로 밝혀져
황당한 경우가 많았습니다.

(후흑학厚黑學:두꺼운 얼굴과 시꺼먼 속내로
풀이되는 제왕학이나 처세술의 한 분야.)

그렇다면 도대체 리더는
내면의 마음과 드러난 성향,
강함과 부드러움을 어떻게 밸런싱해야
제대로 잘하고 있는 것일까요?

그리고 '리더의 굳세고 강함'이란
과연 어떤 의미일까요?

심서 장강將剛(굳세고 강함)편을 들여다보시죠.

무릇 뛰어난 장수란 그 굳세고 강함을
꺾어서 부러뜨릴 수가 없고

그 부드러움을 구부려서 접을 수가 없어서
약한 것으로도 강한 것을 제압하며
부드러움으로 굳센 것을 제압한다.

약하면서 부드럽기만 하면
반드시 삭아서 쓰러지게 되며,
굳세서 강하기만 한 것도
반드시 망하게 된다.

선장자善將者 기강其剛 불가절不可折
기유其柔 불가권不可卷
고故 이약제강以弱制强 이유제강以柔制剛
순유순약純柔純弱 기세필삭其勢必削
순강순강純剛純强 기세필망其勢必亡
불유불강不柔不剛 합도지상合道之常

쉬운 듯 보이나 내용이 깊네요. ㅠ.ㅠ

(도장에서 많이 쓰죠...유능제강柔能制剛)

많은 사람들이 '유능제강柔能制剛'을
'부드러움이 능히 강함을 이긴다'라는
뜻으로 알고 사용하고 있지만,
과연 현실에서도 그러한가요?

부드러움(유柔)이 강함(강剛)을 이기고
약한 것(약弱)이 강함(강强)을 이기려면
응집력이나 시간의 힘이 필요합니다.

혀는 비록 부드러우나 그 힘은
단단한 뼈도 부수어 버리며,
떨어지는 낙숫물은 비록 약하지만,
세월의 힘은 바위를 뚫어 버립니다.

그래서 유능제강柔能制剛을 하려면
부드럽고 약한 것은
'능수능란能手能爛한 경지'나
(축적되고 응집되어 능숙해진)
그러한 상태에 이르러서야 비로소
굳세고 강한 것을 이길 수 있습니다.

부드러움이 강함을 이긴다는 의미는
'유능제강柔能制剛'이지
'유능제강柔能制强'이 아닙니다.

강함(강할 강强)이란 그저 상대적 비유이고
절대적 강함이란 존재할 수 없으며
세상만사 모든 것은
성하고 쇠함이 반복될 뿐이니
지금 강해 보이는 것은
곧 쇠퇴함이 멀지 않았다는 뜻입니다.

시절이 아주 수상합니다.

바람이 조금만 불어도 꺼질 듯 흔들리는
작은 촛불은 한없이 약해 보이지만,
장렬히 산화하는 횃불과 달리
자신을 비춰 보아 눈을 뜨게 하며
마음을 밝게 하여 깨우침을 주고
언제고 다시 태어나 함께 모여 타오르면
그 빛은 결코 쉽게 꺼지지 않습니다.

감고 있던 눈을 떠 진실을 보고
미몽에서 깨어날 때가 된 것 같습니다.

강하면서도 부드럽고
부드러우면서도 강하고
강자에겐 오히려 강하지만
약자에게 한없이 약한
그런 사람이 되겠다는 신념信念으로
한 걸음 한 걸음 저도 내딛습니다.

제갈공명은 '장수의 굳세고 강함'을
'장강將剛'이라 하여 잘 설명했지만,
이걸 요약하면
"어깨 힘 빼라"가 아닐지 생각도 해 봅니다.

(모든 스포츠에서 올바른 동작을 위해
코치들이 가장 많이 조언하는 말이며
실천은 가장 어려운 부분이기도 합니다.)

(평소에 어깨 힘 빡 주고 다니는 건달들은
그저 강해 보이려 애쓰는 삼류일 뿐입니다.)

69. 교만한 리더의 말로

리더가 교만해서도 안 되지만
리더가 말만 앞세워서도 안 될 것입니다.

병법서 '심서心書'에서 제갈공명은
이러한 리더의 교만과 인색함에 대해서
다음과 같이 말하고 있습니다.

장군이 교만하면 예禮를 잃고
예禮를 잃으면 사람이 떠나며
사람을 잃으면 무리가 배반한다.

장군이 인색하면 상賞이 없어지고
상賞이 없으면 군사들이 명령에 따르지 않고
명령이 바로 서지 않으니 공功이 생길 수 없고
군사들에게 공功이 없으니, 나라가 허약해지고
허약한 나라에는 도적들이 들끓게 된다.

음... 왠지 현 세태와 비슷해 보입니다.
전체 내용을 두 글자로 압축해 보자면
교驕(교만할 교)와 인吝(인색할 인) 입니다.

'교驕'라는 글자는
말을 타고 높은 곳에서 다른 사람을
아래로 깔아본다는 뜻입니다.

(꿇어... 아! 이런~ 갑질의 교만이여.)

돈, 권력, 힘, 지혜, 덕... 무엇이 되었든 간에
내가 남보다 우위에 있다고 뻐긴다는 건
좁은 그릇에 담지 못해 흘러넘친다는 것이요,
가득 차 있던 기운이 곧 쇠락한다는 뜻입니다.

높은 자리에서 국민을 개돼지 취급하면
민심을 잃게 되는 건 당연지사입니다.

권불십년權不十年이요
화무십일홍花無十日紅이라.

돈은 돌고 돌며
권력과 인기는 잠시의 단맛일 뿐.

정승 집 개가 죽으면 문상객이 줄을 잇지만,
정승이 죽으면 발길도 하지 않는 게 세태!

뭔가를 조금 가졌다고 교만해진 이에게
남은 건 오직 쇠락의 길뿐입니다.

'인홉'(인색할 인)라는 글자는
말만 번지르르한 립서비스^{lip service}를 뜻합니다.

(욕하면서 받아먹는 상대방의 심리 상태는?)

뜻을 같이해 일을 도모하지만,
삶을 함께하는 이들에게조차 인색하다면
결국 삶의 마지막은 쓸쓸함만 남게 됩니다.

뒤늦게 허망함을 깨닫더라도
이미 지나간 세월이요, 깨진 쪽박이니.

돌이킬 수 없음에 안타까움만 남습니다.

자린고비나 구두쇠가 자신은 아끼지만
나눔이 크다면 오히려 더 훌륭한 것입니다.

사람이 교만해지는 이유는
높은 자리가 천년만년 갈 거란 착각 때문이고,
사람이 인색해지는 이유는
있을 때 한몫 챙기려는데 욕심이 앞을 가려
남 주는 게 싫고 아깝기 때문입니다.

움켜쥐어도 스르르 빠져나가는 줄 모르고
미망迷妄과 헛된 욕심에 사로잡혀 있다면
그 인생의 마지막 말로末路는 '뻔할 뻔' 자입니다.

스스로 작은 욕망만 가지를 버리더라도
큰 한 가지 욕망이 있다면
그것은 오만傲慢일 뿐임을
되돌아보아서야 겨우 알게 되니
저도 참 어리석네요 ㅠ.ㅠ
반성합니다.

70. 유능한 리더

유능한 리더와 함께라면 안 될 일도 되지만
무능한 리더 밑에서는 될 일도 안 되지요.

병법의 달인 제갈공명은
병법서 장원將苑(심서心書라고도 함)에서
'오강팔악五强八惡'을 설명하고 있는데
리더의 강함이란 유능함이요,
리더의 무능함은 그 자체가 바로 죄악입니다.

리더의 다섯 가지 유능함(오강五强)과
여덟 가지 무능함(팔악八惡)이란 뭘까요?

우선
리더의 다섯 가지 유능함,
오강五强을
이야기를 해 보겠습니다

고절 가이려속高節 可以勵俗
드높은 절개는 풍속을 장려하게 한다.

절개와 지조가 높은 거랑
시중의 풍속風俗이랑 뭔 상관일까요?

속俗(풍습 속)이란 글자는
보통 사람들의 일반적이고 정상적인 마음

즉 인지상정에 가깝습니다.

군기가 세거나 엄할수록
쫄 때 쪼고, 풀어줄 때 풀어줍니다.

풍속을 즐김에 하고 싶은 범위 내에서
하도록 내버려둬도 별문제 없도록
평소에 조직을 잘 관리한다는 뜻입니다.

리더 자신은 그런 분위기에 휩쓸리거나
편승하지 않을 정도로 고절하다는 뜻이죠.

효제 가이양명孝悌 可以揚名
효도하고 공손함은 이름을 날리게 한다.

시대가 아무리 변해도 지켜야 할 게 있습니다.

부모 형제간에 서로 사랑하고
벼가 익을수록 고개를 숙이는 이가
세상에 더러운 오명을 남기는 건 불가능하니
잠시 오해받는 리더들이 있지만
흙탕물은 시간이 지나면 곧 맑아집니다.

신의 가이교우信義 可以交友
신의가 있어 사귀는 벗이 있다.

사회적으로 성공했다 뽐내는 이들 중에
과연 친구가 몇 명 있나 살펴보십시오.

대부분 간신배, 모리배, 쥐새끼들입니다.
신뢰와 의리없는 친구는 친구 아닙니다.

주변에 있는 리더들을 살펴보세요.
진실한 친구 하나 없는 리더가 있다면
부디 멀리하시길.

그런 이들은 대부분 스스로 자멸하거나
주위 사람들에게 꼭 해를 입힙니다.

심려 가이용중 深慮 可以容衆
깊은 생각은 사람을 두루 포용합니다.

흔히들 "저 친군 생각이 깊어"라고 하죠.
그게 바로 이 말입니다.

생각은 깊은 사람은
사람을 두루 포용할 수 있습니다.
'깊다'라는 말은 이런 뜻입니다.

산은 제 스스로 높아지는 게 아니라
골이 깊어짐에 따라 높이가 올라가지요.

역행 가이건공 力行 可以建功
힘써 행하니 결과를 만들어 낸다.

음...저도 심히 반성이 되는 말이네요.
말만 번지르르하면 뭐 하나요,
전략이 좋으면 뭐 하나요,

실천하지 못한다면 말짱 도루묵.

힘써 행동해 좋은 결과를 내야 됩니다.
말뿐인 리더는 아무도 따르지 않으니까요.

71. 무능한 리더

유능한 리더를 앞에서 다뤄 봤으니
이제 무능한 리더에 대해 이야기해 봅니다.

병법에 따르면 리더와 장수의 무능함은
그 자체로 곧 죄악이라고 말합니다.

장수의 여덟 가지 악惡으로
리더의 무능함을 논해 봅니다.

생각을 깊게 했는데도 옳고 그름을
가리지 못하는 게 무능한 이유는

모불능료시비 謀不能料是非

시시비비를 가려야 할 리더가
이해관계를 조정한답시고
본인의 이해득실을 따져보기 때문이며,

예불능임현량禮不能任賢良
현명한 인재를 격에 맞게 대우해
뽑지 못하는 리더가 무능한 이유는

쓰고 버리는 기브앤테이크Give & Take의 용병술이
적재적소의 용인술用人術인 줄 착각해
인재를 격에 맞게 예우하지 못해서입니다.

정불능정형법政不能正刑法
형벌과 법률을 바로 세우지 못해
정치를 제대로 펼치지 못함.

작두를 타야 할 무당이
서슬 시퍼런 칼날에 자신이 다칠까 봐
칼날을 무디게 만들어 놓으니,
정치의 우선순위가 무엇인지조차
제대로 파악하지 못해서 그러하며,

부불능제궁액富不能濟窮厄
리더가 곳간의 부유함으로도
어려운 이를 구제하지 못하는 이유는

앞으로 어르고 뒤로 뺨치는 조삼모사와
돈 더 많이 벌면 착한 일 하겠다는 핑계,
매뉴얼 만들어 사고 방지하겠다는
부패한 관리자들을 잘못 관리해서입니다.

일이 발생하기 전에 미리 대비하지 못하는
지식과 지혜는 헛똑똑이에 불과합니다.

지불능비미형知不能備未形
어제 배운 지식과 경험이
오늘이나 내일의 사건·사고를
완벽히 예방할 순 없습니다.

그저 미리미리 대비할 뿐
공부 많이 했다는 인간들이 설치다가
꼭 대형 사고 치지요.

려불능방미밀慮不能防微密
은밀하고 미세한 것을 방비하지 못함은
근심만 하고 제대로 살펴보지 못해서이다.

높은 곳에서 보는 알타비스타Alta Vista

리더는 높은 곳에 서 있으므로
남보다 더 멀리 세밀하게 봐야 합니다.
안 그러면 전쟁에서 군사들 다 죽습니다.

달불능거소지達不能擧所知.
높은 자리에서 우수한 지인을 발탁해
제대로 쓰지 못하는 이유는
이 눈치 저 눈치 봐서입니다.
자기의 뜻을 펴라고 리더를 시키는 건데
남 눈치만 보면서 이도 저도 아닌 리더는
자격도 없으며, 그 자체로 무능함이며
바로 악惡이 됩니다.

패불능무원방敗不能無怨謗
패하고 나서 서로 원망하고 헐뜯으면
그 조직은 곧 망한다.

당나라 군대와 정치판 모리배들이 그렇죠.

고수高手는 승패에 뒷말이 없으며
승부사들은 승부 그 자체를 즐길 뿐입니다.

무능함 그 자체가 곧 악惡이 되는 것이
리더의 자리입니다.

리더 자리가 무거운 이유도
바로 그런 이유 때문입니다.

72. 리더가 되려면

얼마 전 안중근 의사가 옥중에서 남기신 글 중
미공개 유묵 작품이 화제가 되었습니다.

처형되기 전까지 옥중에 갇힌 한 달 반 동안
200여 점의 유묵을 남기셨다고 하니 놀랍죠?

인심조석변人心朝夕變 산색고금동山色古今同.

'사람의 마음은 아침저녁으로 변하지만,
산색은 예나 지금이나 같다'라는 글입니다.

자기반성Self-reflection은 인간만이 지니는
고유한 특징 중 하나라고 하는데요.

역사적으로 뛰어난 리더들은
종교나 신념, 가치관에 대한 저술 혹은
개인적 일기, 자서전 같은 기록을 통해
자신을 돌아보고 삶의 지혜를 얻었죠.

어느 분야, 조직, 군대에서든 리더가 되면
몸가짐, 마음가짐, 행동거지, 처신에 대해
항상 기준, 원칙, 표본, 목표를 두고
힘써 달성하거나 고치려고 노력합니다.

인간은 누구나 오류로 인해 편향되고
한 치 앞도 보지 못해 근시안적으로 행동하며
지나간 역사는 과거로 치부해 버리기 일쑤죠.

자그마한 성공에 어깨에 뽕이 차오르고
지위가 높아지면 제멋대로 굴며
남을 가르치려 들면서 말이 많아집니다.

남이 아니라 자기가 자신을 치켜세우니
베풀면서도 오히려 욕을 먹게 되죠.

공이 없는데 나와 가깝다고 상을 주고
죄가 없는데 밉다고 벌을 주며
자기감정을 주체하지 못해
기뻤다 화냈다 갈팡질팡하는 이에게선
부하가 먼저 떠나고 민심도 떠나갑니다.

미래를 설계하기 위해 과거를 되짚어 보고
뿌린 대로 거둠을 알기에 땅을 존중하며
하늘을 우러러 한 점 부끄럼 없이 되고자
리더들은 항상 자신을 돌아보았습니다.

난중일기의 이순신 장군이 그러했고
백범일지의 김구 선생이 그러했으며,
옥중에서의 안중근 의사가 그러했습니다.

백범 김구. 출처: 한국민족문화대백과

제갈공명 심서 자면自勉편에서는
장수가 몸가짐과 처신을 바르게 하려고
스스로 경계하고 힘쓰라고 얘기합니다.

오늘의 조직을 책임지고 있는 리더들에게도
똑같이 적용되는 것 같습니다.

Art of Leadership

닫는 말

리더십 출사표

약육강식의 동물 세계에서는 덩치 크고 힘세거나
영리하고 빠르면 오래 살아남을 수 있습니다.

힘이 세고 자원이 풍부하면 그냥 이길 텐데
전쟁과 싸움에서 전략·전술은 왜 필요하고
무기와 기술은 왜 계속 발전하는 걸까요?

세상을 움직이는 힘을 두 가지로 구분해 보면
병력, 무기, 경제력 등 스펙/자원/시스템 중심의
눈에 보이는 하드파워Hard Power가 있고
리더십, 문화, 명령 체계, 전략, 군의 사기 등
눈에 보이지 않는 소프트파워Soft Power가 있습니다.

문명과 의식의 수준이 높아지고 장기전이 되면
소프트파워의 중요성이 더욱 커지게 되는데요.

대부분의 병법서가 장수의 지위에 있는 이에게
하드파워를 운영하고 소프트파워를 키워
승률을 높이고, 쉽게 이기는 방법,
약자가 강자를 이기는 방법,
싸우지 않고도 이기는 방법을 가르칩니다.

평범한 이들이 천재를 이기는 방법을 배워
부드러움이 단단함을 이기는 경지에 이르고

바닥에서 시작한 이들이 기득권을 혁신하려면
말단 병사가 아니라 장수가 되어야 하고
하수가 아니라 고수가 되어야 가능한 얘기입니다.

하지만 현실을 살아가는 우리들은
굳이 리더나 고수가 될 거창한 목표 따윈 없고
절실한 의욕, 동기, 구체적 계획조차 희미합니다.

그저 잘난 금수저들에게 갑질을 조금 덜 당하거나
똥파리들을 피해 조용하고 편하게 살고 싶을 뿐.

그러나 타고난 출발선은 바꿀 수 없고
주변에는 똥파리들만 우글대며 냄새를 피웁니다.

아마도 내가 똥이거나, 나도 똥파리거나
내가 똥통 근처에 있기 때문이겠죠.

꿀과 향기를 나르는 아름다운 나비와 벌 대신
똥파리 천지라니 한숨에 짜증까지 납니다.

뭔가를 바꾸고 싶고 자신도 변화하고 싶은데
도대체 어디서부터 시작해야 하고
무엇을 어떻게 해야 하는 걸까요?

변화의 삼요소는 시간, 공간, 인간이고
애벌레가 나비가 되는 본질적 변화
즉, 변태metamorphosis의 트리거Trigger는 인간입니다.

제갈공명이 병법서에서 말하는 모든 내용이 결국

시간, 공간, 그리고 그걸 다루는 사람
즉 리더에 관한 얘기입니다.

GPT Content by Author Prompt

제갈공명이 말하는 리더와 리더십의 본질은 무엇이며
왜 병법서의 제목을 굳이 심서心書라 했을까요?

법정 스님이 팔만대장경을 한 글자로 줄이면
'마음 심心' 한 글자라고 하셨다죠.

이 모든 것이 마음이 일으키는 무수한 환상과

매트릭스가 일으키는 과정의 순환일 뿐이라면
결국 변화의 열쇠는 우리 자신에게 있다는 의미.

리더십이란 주체적이고 자기 주도적 삶이며,
남에게 보이는 거짓된 자기 자신이 아니라
자신의 인생, 일에 목적과 의미를 부여하며,
나아가 조직을 이끌어가는 주도적 역할을 뜻합니다.

남에게 보이는 모습에만 치중하는 에고^{Ego}는
자신의 인생에서조차 주인공으로 살아가지 못하고
허무한 가짜의 인생으로 스러지게 될 뿐이며
세상, 회사, 조직, 가족, 연인, 친구에게 맞추려고
자기 자신을 속인다면 그건 더 큰 배신입니다.

가슴 뛰는 본인의 인생을 사는 것
결국 그것이 리더로 살아가는 길의 시작입니다.

언제 올 지 모를 '복福이나 운運'을 기다리며
감나무 밑에서 입 벌리고 있으면 괴롭기만 합니다.
오지도 않는 왕, 현자, 영웅의 리더를 기다리며
남 탓, 세상 탓을 해봐야 아무런 변화도 없습니다.

두렵고 귀찮아 방구석에서 이불 뒤집어쓰고
'잘될 거야, 누군가 해결해 주겠지'라고 기대하지만,
시간이 지나도 달라지는 건 아무것도 없습니다.

인류 역사상 모든 현자와 성인들의 메시지는
공부, 신앙, 깨달음을 통해 진리의 눈을 뜨라
내지 지금 당장 눈을 떠서 진리를 보라는 겁니다.

우스갯소리지만 누군가 그러더군요.
심청전은 심청이의 인생 역전 스토리가 아니라
심청이 때문에 놀란 심봉사가 눈 뜬 얘기라고요.

제갈공명의 심서心書에서는
시간, 공간, 그것을 다루는 인간을 중심으로
기틀 기機, 세력 세勢, 사람 인人에 대한
장수의 리더십을 가르치고 있습니다.

병법서의 교과서가 된 손자병법과 달리
제갈공명의 병법서 심서는 잘 알려지지도 않았고
그 내용에 대한 주석, 해설서가 없었습니다.

제왕학처럼 3대 비서秘書라고 불렸으며
오랜 세월 금서禁書로 지정되기도 했었죠.

만약 제갈공명이 지금 현시대에 되살아나
가르침을 준다면 뭐라고 한마디를 할까요?

아마도 궁극의 진리를 위한 연금술은 없고
모든 것을 깨우쳐 주는 현자의 돌은 없으니,
편법과 지름길을 찾는 얕은수를 쓰지 말고
마음의 눈을 떠서 리더가 되라고 말했을 듯합니다.

제갈공명,
지혜의 리더십
Art of Leadership

제갈공명, 지혜의 리더십 Art of Leadership

초판 1쇄 발행 2024년 10월

지 은 이 | 도홍국
발 행 인 | 이성주

편 집 책 임 | 이성주
교 정 · 교 열 | 이한주

표지 디자인 | Cecile Boquen
본문 디자인 | 김영숙

발 행 처 | 블록체인
출 판 등 록 | 제2023-000014호(2018년 6월 27일)
주   소 | 인천광역시 연수구 센트럴로 415
홈 페 이 지 | esgtech.kr | vietbiz.kr
이 메 일 | lee@esgtech.kr
전   화 | 070-7576-2083
ISBN 979-11-967966-9-3

인   쇄 | 학사넷

- 잘못된 책이나 파손된 책은 구입하신 서점에서 교환해 드립니다.
- 책값은 뒤표지에 표시되어 있습니다.
- 이 책은 저작권법에 의해 보호받는 저작물이므로 무단 전재와 복제를 금합니다.
- 이 책의 전부 또는 일부를 이용하려면 반드시 저작권자와 도서출판 블록체인의 서면 동의를 받아야 합니다.